Taiſſlat fluſ · Miterkirchen · Werdenß kirch · Walberßkirch

gehartkirchen · Leitenpach · Wurmansquick · Rogkolſing · kolbeck · Zinter

Aerbing · Waltperg · Murpach fl · gerhaſtorff · Eiberg · Simanſeck · Nopling

Ecking · Stainhauſen · Endelskhir · Erpach · Turcken · Tan · Im Wildern

Reiſſach · Im Reuchfinpach · Zeitlern · ſchillern

Hainperg · Bürck Berg · Weſterndorff · Rirnpach · Spilberg · Tanglſpach · Turckn fl · gumperſtorff · Lanhoffn

In topll · Perach · Lenperg · Märckil · Turckn · peugenp

ob. N. · Eſchlpach · Samarinſs · stamhaim · kolsperg

Otting · Miterhauſn Mul · Tintorff

altn Oetting · Wincklhim · Seibrſto

berg · haiming

oetinger Walt · emerding · SALTZA · FLVVIVS

St Gaſtl · Hochenwart · Kematn · Neonhouen · Vberacker

Moring · Burckhauſen · Aufhauſn

Tall · Alts fl · S Johan · Eſchelperg · pirckei · hei: Creitz · Marieperg · Hirſchpuhel

eidlern · Ehan · Schonperg · Schlupfing · Ach · Hochmburg

Raitenhaſlach · Wei

Robert Bauer

Bayerische Wallfahrt ALTÖTTING

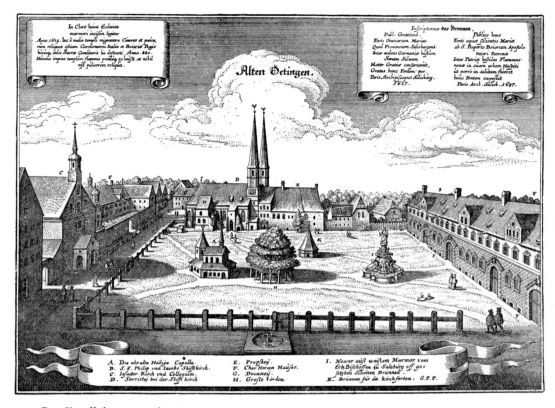

Alten Oetingen.

Der Kapellplatz von Altötting in einem Stich von Matthäus Merian von 1644: Im Zentrum die Gnadenkapelle und der Salzburger Marienbrunnen. Im Hintergrund die Stiftskirche, links die frühere St. Magdalenenkirche.

ROBERT BAUER

Bayerische Wallfahrt
ALTÖTTING

Geschichte · Kunst · Volksbrauch

VERLAG SCHNELL & STEINER · MÜNCHEN

2., neubearbeitete Auflage 1980

© 1970 Verlag Schnell & Steiner München · Zürich
Alle Rechte vorbehalten
Gesamtherstellung: Erhardi Druck GmbH, Regensburg-Waldsassen. Printed in Germany

ISBN 3-7954-0322-7

INHALT

Altötting (Einleitung)   7

Der Mutterboden der Wallfahrt   17

Das alte Ötting in der geschichtlichen Wirklichkeit   17
Agilolfinger *17* — Karolinger *20* — Wittelsbacher *21*

Das alte Ötting in der frommen Deutung   22

Das Aufleuchten der Wallfahrt   24

Das Wunder   24
Bau des Langhauses der Kapelle   24
Bau der neuen Stiftskirche   25

Das Ziel der Wallfahrt   26

Die Gnadenkapelle   26
Der Gnadenaltar   27
Das Gnadenbild   28

Pflege und Förderung der Wallfahrt durch heilige Dinge   61

Mirakelbücher   61
Votivtaferl   63
Die großen Mirakeltafeln   64
Pilgerzeichen   66
Andachtsbilder   67
Wachs- und Naturalopfer   68
Geldopfer   69

Pflege und Förderung der Wallfahrt durch menschlichen Dienst   105

Die Wittelsbacher   105
Ordnung der Wallfahrt *105* — Persönliche Wallfahrtsfrömmigkeit der Fürsten
106 — Blutweihebriefe und Herzopfer *110*

Kaiser, Adel, Kirchenfürsten   111

Die Chorherren   129

Die Orden   131
Jesuiten *131* — Franziskaner *133* — Redemptoristen *135* — Kapuziner *135*

Wallfahrtsleben   138
Pilgergeschehen heute *138* — Großwallfahrten *139* — Ablauf eines Pilgertages *139* — Musik *140*

Gefährdung der Wallfahrt   149

Widrige Zeitläufe und Strömungen   149
Die Pest *149* — Die Kriege *150* — Die Säkularisation *155* — Die Aufklärung
156 — Der Nationalsozialismus *157*

Innere Gefahren der Wallfahrt   158

Abbildungsnachweis   160

Quellen und Schrifttum   161

Register   163

ALTÖTTING

Wer den Namen Altötting hört, denkt an die Wallfahrt. Wer hier ein Pilgerjahr erlebt, verbleibt im Staunen. Da wandern etwa 30 000 zu Fuß unter frommem Gebet nach Altötting, Tausende über 100 km, da vereinigen sich etwa 70 000 zu Pilgerzügen der Eisenbahn, rollen über 200 000 in Pilgeromnibussen an, Hunderttausende mit privaten Verkehrsmitteln, zusammen sicher über 500 000. Sie kommen alle Jahre wieder und beten voll Vertrauen und Verantwortung, aus Tradition, aber auch aus junger Überzeugung, Liebe und Sorge. Die Wallfahrt, die Muttergottes von Altötting ruft sie mit Macht. Und das heute.

Wir modernen Menschen fragen, wie konnte das geschehen? Was schuf Altötting zum Wallfahrtsort?

Unter einem echten Wallfahrtsort versteht das Volk einen Ort, zu dem man kommt nicht wegen noch so heiliger historischer Erinnerungen, sondern weil hier aus begründetem Vertrauen mehr Hilfe und Gnade erhofft werden kann. Am Anfang muß jedenfalls stehen ein elementares, aufreizendes Ereignis, ein Miraculum. Aber daß ein Wallfahrtsort daraus wird, braucht es einen guten Mutterboden; er gibt freilich nicht die eigentliche Erklärung für das Entstehen einer Wallfahrt; über ihn muß kommen der Segen des Säens und Pflegens. Unter diesen Gesichtspunkten können wir die Geschichte Altöttings an uns vorüberziehen lassen, vor Auge, Verstand und Herz. Wir werden froh werden darüber und dankbar.

Altötting, im Jahr des Papstbesuches 1980

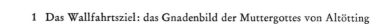

1 Das Wallfahrtsziel: das Gnadenbild der Muttergottes von Altötting

2 Wallfahrtsleben in Altötting um 1830, kolorierter Stahlstich von P. Herwegen im Wallfahrts-
und Heimatmuseum Altötting

Nächste Seite:
3 Der barocke Gnadenaltar aus Gold und Silber in der Rotunde der Heiligen Kapelle

Doppelseite:
4 Eine der prächtigen Lichterprozessionen auf dem Kapellplatz

5 Der über und über mit den großen Mirakel- und den kleinen Votivtafeln behängte Umgang
   der Gnadenkapelle

6-9 Votivtafeln des 17. bis 19. Jh. für mannigfache Hilfe, z. B. schwere Geburt, Wassersucht

Nächste Seite:
10 Das weltberühmte „Goldene Rößl", französische Goldemailleplastik um 1400, in der Schatzkammer

DER MUTTERBODEN DER WALLFAHRT

Das alte Ötting in der geschichtlichen Wirklichkeit

Der Mutterboden war Altötting, wie es wirklich war um 1489, und — wie es stand in Verständnis und Vorstellung der damaligen Menschen.

Altötting war ein Dorf mit einem Chorherrenstift und einer Stiftskirche, und dazu hatte es eine herzogliche, königliche, ja kaiserliche Vergangenheit. Links des Inn ging eine Römerstraße von Augsburg nach Wels, eine zweite nord-südlich von Regensburg nach Salzburg mit wohl einer Brücke über den Inn westlich von Altötting. Diese Straße wuchs sich im Mittelalter aus zum bedeutsamen Handelsweg zwischen Venedig, Villach, Salzburg, Landshut, Regensburg, Nürnberg. Über diese Straßen konnte die Wunderkunde von Altötting in kurzer Zeit überallhin wandern. Geschah das erste Wunder 1489, so kamen schon in den nächsten Jahren Pilger aus Böhmen, Wien, Kärnten, der Steiermark, Südtirol.

Agilolfinger

Bei der Einwanderung der Bayern, die im 6. Jahrhundert angenommen wird, war Altötting jedenfalls ein begehrter Sitz. Hätte ihn sonst das herzogliche Geschlecht der Agilolfinger für sich reserviert? Es muß ein nahrhaftes Dorf von Bauernhöfen gewesen sein und es muß einen Gebäudekomplex für eine bescheidene Hofhaltung gehabt haben. Dieser Bestand weist sogar zurück auf die voragilolfingische Zeit. Wohl war die Hauptresidenz der Herzöge in Regensburg, aber oft und gerne hielten sich diese in Ötting auf, es lag zentral im Lande und lockte durch seine an Wäldern und Bächen reiche Umgebung zu fröhlichem Jagen und Fischen. So wurde Ötting zum zweiten Regierungssitz der Agilolfinger. Der Name Ötting selbst kam nicht von einem Herzog her; jedenfalls ist ein damaliger Herzog Otto den Historikern nicht bekannt. Aber ein Otto, Auto war es, der dem Ort den Namen gab, ein Führer aus dem bajuwarischen Stamm, der den Ort besetzte und verwaltete.

Das so frühe Bestehen der Pfalz Ötting sichert ein urkundliches Zeugnis für das Jahr 748. Darin macht ein Edler Wilhelm in amtlicher Form, sozusagen notariell, eine Schenkung an das Kloster Mondsee. Die lateinische Datumszeile meldet: Actum autingas villa publici sub die quod fecit mensis iulii dies X anno I. tassilone duci. (Ausgestellt zu Oting in der herzoglichen Pfalz am 10. Juli im ersten Jahr der Herrschaft des Herzogs Tassilo.) Dieser Tassilo III. war damals noch ein Knabe von sieben Jahren unter Vormundschaft. Das Bestehen der Pfalz reicht also noch weiter zurück. 770 und 772 stellte Tassilo selbst in Ötting Urkunden aus; er hat sich also dort aufgehalten. Worin die Gebäulichkeiten dieser im flachen, offenen Lande liegenden Pfalz bestanden, ist nicht mehr festzustellen. Man vermutet untergegangene Häuser und Befestigungen in der Nähe der Heiligen Kapelle, oder

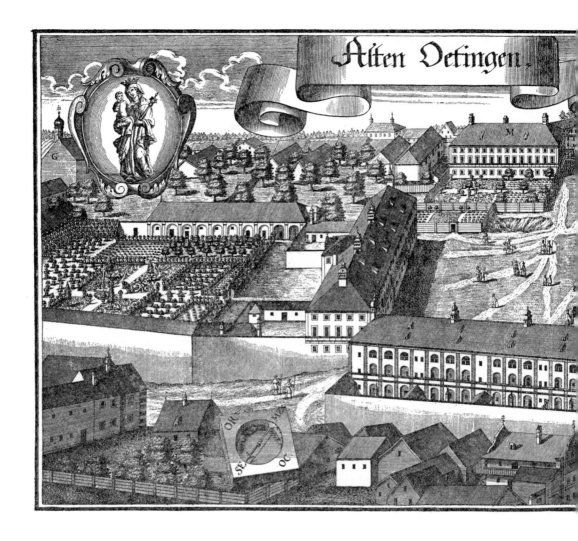

eine Wehranlage auf der kleinen Anhöhe, die jetzt den Stadtkern Neuöttings trägt. Jedenfalls hatte die Pfalz in ihrem Gebäudekomplex eine Kirche, eine capella. Außerhalb dieses Bereiches, auf dem freien, weiten Platz und damit neben der Pfalzkirche, steht der uns wesentlich unverändert erhaltene Rundbau der späteren Gnadenkapelle. Über die Herkunft dieser Rundkapelle ist schon viel geforscht worden. Die auch familiäre Verbindung der Agilolfinger mit den Langobarden spricht mit guten Gründen für eine Anlehnung an San Vitale in Ravenna. Durch ihre Bauart und Lage außerhalb des Baubereiches der alten

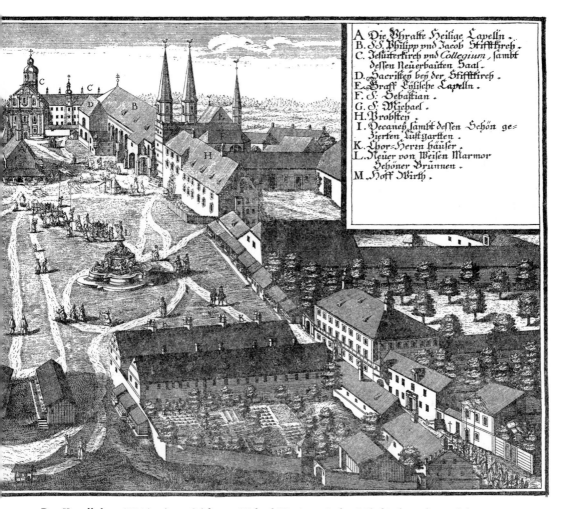

A Die Vhralte Heilige Capelln.
B. SS. Philipp vnd Jacob Stifftkirch.
C. Jesuiterkirch vnd Collegium, sambt
    dessen Neüerbaiten Saal.
D. Sacristey bey der Stifftkirch.
E. Graff Cölische Capelln.
F. S. Sebastian.
G. S. Michael.
H. Probstey.
I. Decaney sambt dessen Schön ge=
    zierten Lustgartten.
K. Chor=Herrn häuser.
L. Neüer von Weisen Marmor
    Schöner Brünnen.
M. Hoff Wirth.

Der Kapellplatz 1721 in einem Stich von Michael Wening mit der Stiftskirche rechts und der Jesuitenkirche St. Magdalena hinter der Gnadenkapelle

Pfalz erweist sie sich als ehemalige Taufkapelle. Jedenfalls dürfen wir in ihr eine der verehrungswürdigsten christlichen Baudenkmäler Deutschlands sehen.

Die Kapelle ist ein Achteckbau; nur in etwa der unteren Hälfte ist er außen rund. Die außen runde Grundfläche mißt ca. 9 m im Durchmesser, die innere etwa 6 m. Dazu sind innen acht hohe Rundnischen (ca. 1,30 m tief) in das Gemäuer eingelassen als kleine Apsiden. Die Außenhöhe des Tempelchens mißt ca. 11 m; darüber steigt jetzt ein achteckiges romanisches Zeltdach auf bis zur Gesamthöhe von 17,50 m. Der Altar im Innern ist in eine der Nischen gestellt; ihm etwas schräg gegenüber führt ein späteres Portal in das ca. 1500 angebaute Langhaus. Der ganze Bau, Rundkapelle mit Langhaus, ist von einem Umgang mit offenen Bögen umgeben.

Karolinger

Karl der Große setzte nach politischem und kriegerischem Wechsellauf Herzog Tassilo 788 ab und verleibte Bayern dem Frankenreich ein. Damit wurde Altötting eine Pfalz der Karolinger, eine Residenz der neuen Herrscher. Sicher kam einmal Karl der Große selbst durch Ötting auf seiner Reise von Salzburg nach Regensburg im Jahre 803. Er regierte Bayern durch einen Präfekten in Regensburg und die missi regis, königliche Gesandte mit Vollmacht und Kontrollaufgabe. Es waren je ein hoher Herr geistlichen und weltlichen Standes. Für 792 und 798 ist ein Gerichtstag dieses Sendgerichtes in Ötting ausgewiesen. Hier war also immer noch eine hoffähige Regierungsstätte. Ludwig der Deutsche (817 bis 876), Enkel Karls des Großen, Teilkönig von Bayern, wohnte öfters in Ötting, in seinem königlichen Palast (palatium regium), beging die Fasten und feierte Ostern hier und ergötzte sich in den umliegenden Jagdgründen.

Karlmann, Urenkel Karls des Großen, regierte von Ötting aus nur 876—80; doch war ihm die Pfalz schon 865 zur Nutzung gegeben worden. Schon 877 gründete er ein Stift weltlicher Chorherren und schenkte ihm die Kapelle Ötting, die Abtei Mattsee und viele Güter; er baute dem Stift auch eine neue Basilika und daneben eine neue Pfalz. Für diese besorgte er sogar sehr würdige Reliquien, nämlich die Leiber des heiligen Maximilian und der heiligen Felicitas, sowie einen Arm des Apostels Philipp. Karlmann erlangte auch noch die italienische Königskrone, und nur Krankheit hielt ihn vom Empfang der Kaiserkrone fern. Er starb 880 in seiner Residenz Ötting und wurde in der von ihm erbauten Basilika begraben. Die Chorherren errichteten ihm ein prächtiges Hochgrab von rotem Marmor im Kirchenschiff. 1619 wurde dieses entfernt; die Gebeine setzte man in einer Messingschüssel vor dem Hochaltar bei. Hier wurden sie 1859 bei einer Kirchenrenovation festgestellt und wieder beigesetzt. Auch 1965 konnten sie bei einer Renovation wieder gefunden werden; sie wurden in ihrer Schüssel belassen, doch sicherer umschlossen. Auch deckt sie wieder die alte, schlichte Marmortafel (mit 41 mal 41 cm): Hic iacent ossa Carolomani regis, obiit DCCCLXX, d. h. hier ruhen die Gebeine König Karlmanns, gestorben 870 (irrig statt 880). Eine größere Gedenkplatte von 1619, ebenso eine zweite, die von der Wanderung der Gebeine aus dem Mittelschiff in den Chor spricht, wurden 1965 an der Südwand der Kirche angebracht.

Auch die nachfolgenden Karolinger begabten ihr Pfalzstift und wohnten zeitweise in Ötting, Karl der Dicke, Arnulf von Kärnten sogar noch nach seiner Krönung zum Kaiser, Ludwig das Kind. Die Ungarnstürme schienen alles hinwegzufegen. Mehrmals brausten sie über Ötting; Kloster, Pfalz und Ortschaft wurden geplündert und niedergebrannt. Den Schrecken überstanden wohl nur die Gebäude aus Stein, die Kirche, die Pfalz, die Heilige Kapelle. 913 erlitten die östlichen Horden auf dem nahen ‚Mordfeld‘ eine vernichtende Niederlage. Das Stift aber hörte von selber auf. Grund dafür war wohl auch, daß sein Besitz über seinen Propst, den Bischof Burkhard von Passau, an dieses Bistum zu eigen kam.

Ansicht von Neuötting a. Inn mit dem Wappen von Ötting, der Gnadenkapelle mit der früheren sitzenden Madonna, Stich von 1644 nach Matthäus Merian

In der folgenden dunklen Zeit wurde die Pfalz wieder aufgebaut. Jedenfalls war 918 Gerichtstag in Ötting; 1053 und 1060 weilte wieder ein König hier. 1180 kam Bayern an die Wittelsbacher.

Wittelsbacher

Zwei Stufen an Ansehen und Einfluß verlor nun Altötting. Es war nicht mehr Residenz des Herzogs, sondern nur mehr Amtssitz seiner Beamten. Und auch die herzoglichen Ämter zogen vom Dorf Ötting aus nach einem neuen Ötting, der Siedlung auf dem Höhenrücken näher dem Inn. Diese erhielt eine Brücke, Mauer und Wehr, Stadtrecht und Wappen, sogar eine Münzprägestätte für Öttinger Silberpfennige.

Was war geschehen? Herzog Ludwig der Kelheimer (1183—1231) wollte die handelspolitische Grundlage der Südostecke Bayerns befestigen, an der alten Straße zu Wasser und Land, für Pferd und Schiff, mit Salz und anderer Ware, gegen Salzburg und die dahin gehörige Stadt Mühldorf.

Das äußere Gesicht des Streites mit dem Erzbischof Eberhard zeigte kirchenpolitische Züge. Der geistliche Herr verzichtete auf das Patronatsrecht über das Chorherrenstift in Ötting, der weltliche kaufte es sich in sonderbarem Handel. Er mußte es erst wieder erbauen, begaben, besetzen. So baute denn Ludwig der Kelheimer das in den Ungarnstürmen vernichtete Kloster wieder auf. Er erneuerte die alte Karlmannbasilika, legte im Süden einen Kreuzgang an, gab dazu das westlich der Kirche angebaute Pfalzgebäude, die spätere Propstei.

Diese nun romanische Basilika war von imposanten Ausmaßen, fast so groß wie die spätere gotische Hallenkirche. Von der romanischen Basilika überdauerten den gotischen Neubau nur die Untergeschosse der zwei mächtigen Türme, das klar gegliederte Portal zwischen ihnen und ein kolossaler Taufstein. Das Stift als geistiges Zentrum erhielt zwölf Chorherren unter einem Propst. In diesem Stadium verblieb die villa vetus Odingen, das Dorf Alten Ötting, bis zur Wallfahrtszeit. Das forum novum Odingen aber, die Stadt Neuen Ötting, gedieh zur herzoglichen Handelsstadt. Und doch war es nur eine Konzeption Öttingen; das neue trug im Wappen das Bild der alten Rundkapelle mit einer sitzenden Madonna. Nicht vor 1330 konnte ja eine gotische, stehende Madonna die geheimnisvolle uralte Heilige Kapelle in Besitz nehmen.

Das alte Ötting in der frommen Deutung

Das war der Bestand „Altötting" vor 1500. Die für eine Wallfahrt günstigen Posten seien kühl berechnet: eine nachbarliche herzogliche Kleinstadt — ein Kloster mit Stiftskirche — ein stilles Dorf — gute Straßen. Summa: wenig. Nun braucht der Blitz der Gnade von oben, das Wunder, keinen Mutterboden. Doch aus dem Wunder mußte erst das Vertrauen der Gläubigen wachsen, um kräftige, dauernde Wallfahrt zu bilden. Das Vertrauen der Menschen aber nährt sich nicht von den Dingen und Tatsachen, wie sie sind und laufen, sondern wie sie in Verständnis und Vorstellung in ihrer Seele stehen. Und so gewogen, gewinnt der sachliche Bestand Altötting von 1500 ein ganz anderes Gewicht. Was nun durchleuchtet wird, möchte nicht ein Vorwurf gegen die Wallfahrtspropagandisten von 1500 sein; es waren Männer mit ehrenhafter Überzeugung, von anerkannter Wissenschaft, der Vizekanzler der Universität Ingolstadt, Dr. Martin Eisengrein etwa, der Humanist und Poeta laureatus Dr. Konrad Celtes, der ‚Vater der bayerischen Geschichtsschreibung‘ Johannes Turmair von Abensberg, genannt Aventinus. Auch sie lebten nicht nur von den Dingen, sondern auch von den Gedanken ihrer Zeit. Und darin eben bildete die Vorgeschichte Altöttings einen gesegnet fruchtbaren Mutterboden für die Wallfahrt.

Waren nicht die Römer in der Vorzeit in Altötting? Also war die Gnadenkapelle mit ihren Nischen ehedem ein Heidentempel der sieben Planeten gewesen! (Unbewiesen, aber nicht unglaublich, meint dazu Eisengrein.) Die Ungarn verwüsteten und verbrannten Ötting? Dann ist die Verschonung der Rundkapelle und des Muttergottesbildes das erste Wunder

Aus einem alten Betrachtungsbuch: St. Rupertus bringt das Gnadenbild

gewesen, und von diesen schwelenden Flammen ist es zur ‚schwarzen Maria' geworden. (Das jetzige Gnadenbild kann erst von ca. 1330 stammen; seine dunkle Farbe stammt vom Rauch der Kerzen und der Oxydierung des silbernen Untergrundes der Bemalung.) Karl d. Große war in Ötting? Dann hat vielleicht er die Kapelle gebaut. Die alten bayerischen Herzöge residierten in Ötting? Also hieß der erste Herzog Otto, er hat die Kapelle gebaut und er wurde in ihr getauft; dann aber vom heiligen Rupert, dem Erzbischof von Salzburg, dem Glaubensboten unserer Gegend. Dieser muß dann auch (ca. 600) das gotische Gnadenbild mitgebracht haben. Greifbar zuhanden war jedenfalls die „finstere uralte heylige Capel unser lieben Frawen auff der grünen Matten"; so nennt Eisengrein das Heiligtum. Es war das Symbol des bayerischen Stammes, uralt, geschichtsträchtig, und es trug im Herzen das Bild der Mutter Gottes.

DAS AUFLEUCHTEN DER WALLFAHRT

Das Wunder

Wenn hier, im Herzen Bayerns, ein Wunder aufging, mußte es blitzen und leuchten in alle Lande hinaus. Das Volk war ja gerade damals bereit. Charakteristisch ist dafür das Bild aus jener Zeit über dem Eingang zur inneren Kapelle, die Schutzmantelmadonna. Nicht nur Frömmigkeit spricht sich in dieser Darstellung aus, sondern auch die Angst und Hilflosigkeit des späteren Mittelalters. Und es geschah das Wunder. So berichtet es der Dechant Johannes Scheitenberger nach den alten Quellen:

„1. Ein dreyjähriges Knäblein, als er zu Alten-Oeting in das Wasser, die Mehren genannt, gefallen und ein halbe Stund dahin gerunnen, ist es endlich gantz todt herauß gezogen worden. Die Mutter auß grossem Vertrauen zu der Mutter Gottes, trägt das todte Kind zu der H. Capell und legt es auff den Altar, fällt sambt andern auff die Knye nider und bittet umb Erlangung deß Kinds Leben flehentlich. Alsbald wird das Kind lebendig." So schreibt der Chronist Jakob Irsing S.J. zum Jahr 1489. Ein zweites Wunder folgte: „Ein Baur zu Alten-Oeting führte ein Fueder Haber zu Hauß, setzte sein Söhnlein, sechs Jahr alt, auff das Handroß; der fallet von dem Pferdt unter den Wagen, wird dermassen zertruckt, daß seines Lebens kein Hofnung mehr verhanden. Man thut ein Gelübd und rufft die Mutter Gottes an, folgenden Tag ist der Knab widerumben gantz frisch und gesund." Viele solche Wunder folgten nach. Historisch sind die Ereignisse an sich nicht zu bezweifeln. Waren es echte Wunder? Das ist nicht einmal das Entscheidende. Denn an der Überzeugung, am Glauben, daß ein Wunder geschah, entzündet sich das Vertrauen, die begründete Hoffnung auf weitere Hilfe, Heilung, Gnade. Dieses Vertrauen ist das Lebensprinzip eines Gnadenortes. Es kann immer wieder neu gezeugt werden durch weitere Wunder, wie z. B. in Lourdes; es kann auch aus alter Lebenskraft fortleben durch Jahrhunderte hin, ohne daß große neue ‚Wunder' zur Weckung des Vertrauens gefordert sind. Es kann auch das einmal entzündete Vertrauen, der einmal entsprungene Pilgerstrom, durch Pflege und Veredelung sublimiert werden zu wesentlicher Frömmigkeit. Auch so behält es — vielleicht — Kraft zu überdauern.

Bau des Langhauses der Kapelle

Jedenfalls, als diese Wunderkunde durch die Lande lief, kam das Volk in Scharen. Die Gnadenkapelle wurde viel zu klein. Man baute ein Langhaus an mit einem Pilgerumgang und einem Türmchen. 1497 stand das Langhaus schon; ein in diesem Jahr gedrucktes Mirakelbuch Issickemers meldet die Heilung eines Hans Geyer von Einsingen; der tritt mit Krücken in die Kapelle, nimmt die Krücken und trägt sie in das ‚Chörle' vor.

Bau der neuen Stiftskirche

Auch in der romanischen Basilika drängten sich die Völker ungut. Sie wurde 1499 niedergerissen und neu gebaut. Waren die alten Maße (einschließlich der Vorhalle) 51 mal 17 Meter, so erbrachte die Erweiterung nach Osten und Norden auf den Kapellenplatz hinaus 61 mal 19 Meter. Beibehalten konnten werden die Untergeschosse der zwei Türme — sie ragen nun mit ihren hochgezogenen Spitzen bis zu 58 Meter auf. Auch die Vorhalle westlich und die Empore östlich davon mußten weiter dienen und die Südwand. Das Innere der neuen Kirche ist geweitet zur 13 Meter hohen, dreischiffigen Hallenkirche. Die gotische Ausstattung — wäre sie noch erhalten — würde uns sicher gefallen: ein Choraltar mit großem Gemälde — weitere neun Altäre — ein mächtiger Chorkruzifixus (noch vorhanden) — geschnitztes Chorgestühl — die alte Empore hinten und eine vorne (seitlich?) — auch Seitenumgänge in der Höhe mit Oratorien — Sakramentshäuschen aus Stein mit vergoldetem Gitter — der alte romanische Taufstein und dazu nun ein gotisches Weihwasserbecken aus Marmor und ein Wandbecken aus Bronzeguß (1520) — die große Orgel (die jetzige ist von 1960). 1511 konnte die Kirche vom Bischof von Chiemsee eingeweiht werden. Die gesamten Kosten wurden von der Kapellstiftung geleistet; die Stiftskirche war ja damals die einzige Wallfahrtskirche außer dem kleinen Hauptheiligtum. Das verkündet stolz eine mächtige Steintafel an der Außenwand der Kirche. Sie schließt mit der Feststellung: „Dieses Goczhaus ist gepaut von dem Goczbrat (Vermögen) Unser Frauen und frumer Leit Gab." Daneben sind gemeißelt die Wappen des regierenden Herzogs Georg des Reichen von Landshut, seiner polnischen Gemahlin Hedwig und des amtierenden Stiftspropstes Johannes Mair.

1610 wurde ein Kreuzaltar mit Schnitzfiguren, von einem Eisengitter umgeben, in die Kirche gesetzt. 1618 stellte man die Orgel von vorne weg auf die Westempore und baute fünf Altäre ab, um Platz zu schaffen. 1791/93 nahm man auch die seitlichen Emporen heraus, leider auch den Kreuzaltar; man schuf eine neue Sakristei (die alte verblieb als Schatzkammer), einen neuen Hochaltar mit dem lebhaften Kolossalgemälde ‚Maria, Helferin der Christenheit', und ein neues Chorgestühl. Für dieses schnitzte der Trostberger Bildhauer Benedikt Kapfer zehn sehr gefällige Medaillons mit Bildern von der Geschichte Altöttings. 1965 endlich konnte die Hallenkirche in ihrer alten weiten Schönheit wiederhergestellt werden. Von allen Seiten zieht nun der würdige Mittelaltar die Blicke auf sich, während das Chorgestühl an die Wand gerückt wurde und der aufragende Hochaltar die feierliche Rückwand der Kirche bildet.

DAS ZIEL DER WALLFAHRT

Die Gnadenkapelle

Wagen wir uns an das Heiligtum heran. Es gibt auch heute noch Pilgergruppen, die auf die Knie fallen, wenn es nach langer Wanderschaft vor ihnen auftaucht aus dem Morgennebel, an der sogenannten Himmelsstiege, eine Wegstunde entfernt. Auch heute noch knien andere Pilgergruppen vor der Gnadenkapelle auf das Pflaster nieder zu herzlicher Begrüßung.

Erst werfen wir einen Blick hinauf zum Rokokogiebel über dem Haupteingang. Die marmornen Figuren wurden nach der Jahresrechnung von 1768 für 300 Gulden von dem bürgerlichen Bildhauer Johann Georg Lind von Burghausen gefertigt; sie stellen dar, „wie nemlich der heyl. Rupertus die Gnaden Muter daselbst eingesetzt und Bavaria zu einer Libevollen Muter übergibt."

Dann treten wir in Ehrfurcht ein durch den gedeckten Pilgerumgang mit den großen Mirakelbildern, dem Wald der Votivtafeln. Schon im Langhaus, das etwa 1490 entstanden sein muß, stockt unser Fuß. Wiederum alle Wände voller Tafeln, dazu vergoldete Herzen, eine Galerie alter und reicher Zierkerzen, ein gotisches Relief des hl. Rupert schauen auf uns herab. Eine silberne Ampel in Schwanengestalt breitet die Schwingen über uns, eine Gabe zum Gedächtnis an König Ludwig I. Zwei marmorne Seitenaltäre, gestiftet 1668 von den Pröpsten zu Spital am Pyhrn, bereiten auf das innere Heiligtum vor. Den Aufbau aus rotem Marmor schuf der Linzer Bildhauer Hans Spaz; die Altarbilder, zwei Tafeln aus Zinn mit einer Pietà und einer heiligen Anna selbdritt, malte Max Joseph Schinagl von Burghausen (Kopien nach Karl Loth). Über dem Eingang in die Rundkirche mahnt zu letzter Sammlung das gotische Gemälde der Schutzmantelmadonna. In seinem Halbkreis birgt es alle Welt, Kaiser und Papst, Bürger und Bauer unter den Mantel der Schutzfrau. Zum Heiligtum führen uns ein Durchblick durch den vergitterten Rundbogen und das schon im 13. Jahrhundert ausgebrochene viereckige Säulenportal. Aus dem scheinbar unendlich hohen Dunkel pendeln fünf gestiftete wertvolle Ölampeln über unserem Haupt. Die mittlere mit vielen Edelsteinen schickte Papst Pius IX. im Jahre 1854; eine Ampel wird nach alter Verpflichtung immer noch unterhalten von der Stadt München. (Bis 1793 waren insgesamt 35 solche Ampeln geopfert worden, großenteils samt einer Dauerversorgung mit teurem Baumöl.) Die hohen Rundbogennischen bergen in Schauschränken gut tausend einzelne Silbervotive aus der Barockzeit, aber auch heutige: Beine, Arme, Köpfe, Herzen, Augen, Lungen, Brüste, Rittersmann und Bürgersfrau, brennende Schlösser und Bauernhöfe, und immer wieder die Madonna und ihre Kapelle. In ernstgemeinter Ehrenwache schauen aus ihren Nischen im Rondell oben die Herzen der Landesfürsten auf uns; vorne seitlich am Altar knien der ,Silberprinz' und ,St. Konrad'. — Die Statue des im Gebet versunkenen hl. Bruder Konrad wurde 1931 von Bildhauer Georg Busch, München, aus Opfersilber gegossen.

Die Figur des knienden Kurprinzen Maximilian Joseph hat 1737 der in bayerischen Diensten stehende niederländische Bildhauer Wilhelm de Groff in Silber getrieben. Dieses höfisch elegante und doch wahre Innigkeit ausstrahlende Bildnis gilt als ein Meisterwerk des Rokoko. Der dankbare Vater, Kurfürst Karl Albrecht, opferte die Weihegabe für die Wiedergenesung seines zehnjährigen Sohnes nach dessen Eigengewicht von 41 Pfund.
Noch eigenartiger wirkt die Symbolkraft der Königsherzen aus dem Hause Wittelsbach. Es sind die wirklichen, leiblichen Herzen beigesetzt, konserviert in kunstvollen, silbernen Schauurnen. Diese Herzen wollten nach zu Lebzeiten vorgefaßtem Willen ihrer Träger als Wächter und Beter vor der Gottesmutter stehen bleiben.
Beigesetzt sind in der Kapelle die Herzen von zehn bayerischen regierenden Herrschern, drei anderen Fürstlichkeiten, elf fürstlichen Frauen, fünf Bischöfen. Sichtbar in den Wandnischen stehen dreizehn Urnen, unter dem Pflasterboden liegen weitere dreizehn Herzurnen und drei vollständige Leichname.
Diese Parade in Urnen gebannter Frömmigkeit legt einen Hauch des Unheimlichen über uns und regt zum Nachdenken an, auch zur Nachahmung in einfacherer Form, zum Verbleibenwollen an der Gnadenstätte, in einem geringeren Zeichen etwa, einem Bild, einer Kerze. Wir wollen damit nur darauf hinweisen, daß die Königsherzen des angestammten Herrscherhauses das Ansehen und die wallfahrtsfördernde Anziehungskraft Altöttings mächtig gemehrt haben. Nicht zuletzt von den Königsherzen her erwuchs ihm der Ehrenname: Altötting, das Herz Bayerns.

Der Gnadenaltar

In der ersten Zeit war ein gotischer Schnitzaltar vorhanden gewesen mit den Nebenfiguren St. Katharina und St. Margaret. Davor wurde sehr bald zur Sicherheit ein eisernes Gitter angebracht, an dem silberne Opfergaben aufgehängt werden konnten. 1645 verehrte der Kurfürst Maximilian I. der Große den noch dienenden silbernen Schautabernakel für das Gnadenbild. Das eiserne Gitter wurde bald in ein silbernes ausgetauscht. Ab 1628 brachte die Stadt Landshut allmählich als Jahresgaben die 15 Rosenkranzgeheimnisse. 1678 endlich schenkte der Wittelsbacher Philipp Wilhelm Herzog von Pfalz-Neuburg die prächtige Figurenwand mit der hl. Dreifaltigkeit und den Engeln; schon 1670 war für die Seitenwände der Altarnische geliefert worden der Stammbaum Jesse aus 14 in Silber getriebenen Halbfiguren, von einem der besten Bildhauer im Reich, Balthasar Ableitner, und dem kurfürstlichen Hofgoldschmied Franz Oxner. Die Bezahlung erfolgte aus schon vorhandenen wertvollen Opfergaben. — Gerade vor diesem Prunkaltar können wir ermessen, welch reicher Schatz von Hingabe und Dankbarkeit zusammenhelfen mußte, um den Thron der Königin so himmlisch gestalten zu können. Wir werden aber auch umgekehrt erfühlen, welche Einladung zur Öffnung des Herzens, zur Hingabe, zum Vertrauen an die Himmelskönigin von diesem ihrem Throne ausgeht.

Das Gnadenbild

Das Geheimnis der ,wallfahrtsbildenden' Marienstatuen ist noch nicht durchschaut. Diesen Schleier konnte nur das fromme Vertrauen des gläubigen Volkes weben, nicht die ästhetische Bewunderung schönheitskundiger Richter. So möchte auch ein Kunstkritiker etwa sagen: Frühgotik aus der ersten Hälfte des 14. Jahrhunderts, etwa burgundischer Herkunft, etwa über das nahe Zisterzienserkloster Raitenhaslach, jedenfalls kein Kunstwerk ersten Ranges, aber ein Kunstwerk. Lindenholz, rückwärts ausgehöhlt, 64 cm hoch, mit Sockel, nach der ursprünglichen Fassung 1911 von Grund auf restauriert; die Bekleidung ist barock, schön und reich wie üblich. Damit könnte alles gesagt sein. — Alles? Hier beteten seit 500 Jahren Hunderte von Millionen Menschen, hohe und niedrige, in allen Nöten des Leibes und der Seele, der Familie und des Reiches und der Kirche. Das Gnadenbild ist schön geschaffen, gut und mild und mütterlich, verstehend lächelnd, es muß Wunder wirken können. Wir brauchen (kritischen Verstandes) das nicht zuzugeben, aber wir werden zugeben: Dieses Bild war fähig, ist fähig, auf Millionen von Menschen einzuwirken. Darum kommen sie und sie kommen immer wieder zur Mutter. „Wo zwei oder drei in meinem Namen versammelt sind, da bin ich mitten unter ihnen", versprach der Herr. Wenn ein Bild, aus Holz, rechtschaffen geschnitzt und einfach bemalt, hilft, daß die zwei oder drei zusammenkommen im Namen des Herrn und zur Ehre seiner Mutter, dann ist es ein Gnadenbild. So mag sich erfüllen, daß der Herr bei ihm durch die Fürbitte seiner Mutter barmherziger und kräftiger hilft als an den Orten des geschäftigen täglichen Lebens. So stimmt es also, das Gnadenbild macht Altötting zum Wallfahrtsort, das Bild, bekleidet und gekrönt durch das Vertrauen der Pilger.

11 Die Gnadenkapelle im Ungarnkrieg. Stich von W. Kilian, 1643

12 S. Rupertus tauft den Herzog, Holzmedaillon vom Chorgestühl der Stiftskirche, 1796

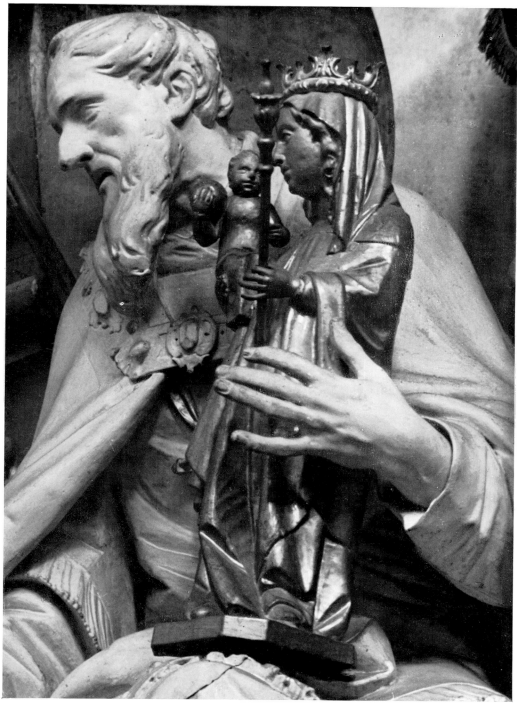

13 S. Rupertus mit der Altöttinger Madonna, Holzfigur von Johann Baptist Straub, 1762,
   an der Kanzel der Klosterkirche Ettal

14 Das Stadtsiegel von Neuötting (um 1325) zeigt einen der Gnadenkapelle ähnlichen Zentralbau mit einer thronenden Muttergottes im Inneren. Diese und andere Darstellungen aus dem hohen Mittelalter machen es wahrscheinlich, daß in Altötting bis zum 14. Jh. ein anderes, thronendes, wohl romanisches Gnadenbild verehrt worden ist.

15 Goldmedaille mit der Heiligen Kapelle, Schule des Peter Seel, um 1650

HIC IACENT OSSA
CAROLOMANI
REGIS
OBIIT DCCCLXX

16 Gedenkstein am Grabe von König
Karlmann

17 Erhebung der Gebeine Karlmanns 1965

18　Vogelschaubild von Altötting, im Hintergrund Neuötting. Stich von Tobias Schinnagl, um 1662

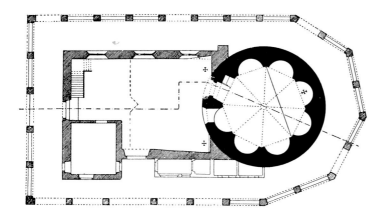

19　Grundriß der Gnadenkapelle. Karolingischer Rundbau schwarz, gotischer Anbau schraffiert

20　Plan von Enrico Zuccalli zur Ein- ▷ gliederung der Gnadenkapelle in ein großes barockes Heiligtum, Baubeginn 1672. Der Kapelle sollte ein großer Rundbau mit ähnlichem Grundriß vorgelegt werden. Der Bau an diesem größten und origi- nellsten Kirchenvorhaben Bayerns im 17. Jh. mußte 1678 aus Geld- mangel eingestellt werden. 1 Hei- lige Kapelle, 2 sechs Seitenaltäre, 3 Sakristei, 4 zwei Türme, 5 Um- gang, 6 Vorhalle

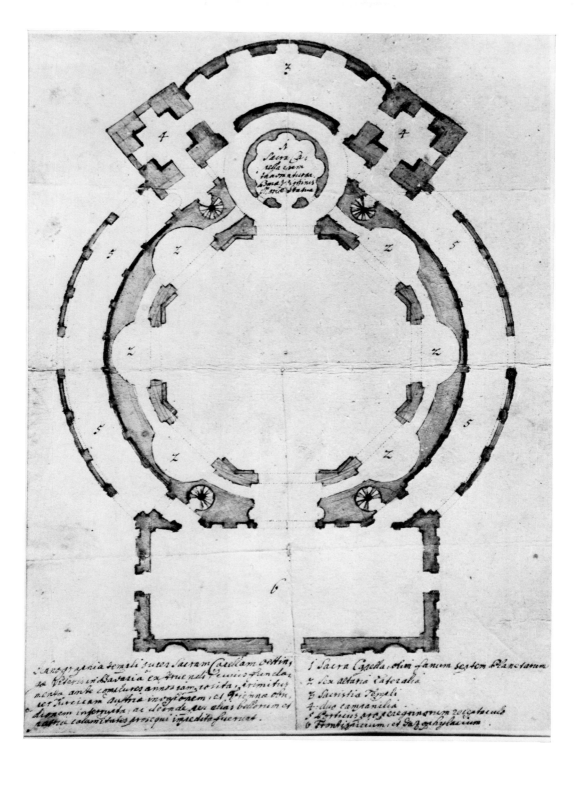

N
Sacra Ca-
rella cum
s.a.matura
b.ma. Virginis
Mariæ Statua

Ichnographia Templi super Sacram Capellam Oettin-
gæ Veteris in Bavaria extruendi, cuius fundamen-
ta ante complures annos iam posita, primitus
per Turcicam Austriæ invasionem, et sequenti obsi-
dionem interrupta, ac deinde per alias bellorum et
aetatis calamitates prorsus impedita fuerat.

1 Sacra Capella olim fanum gestem b. Planctamm
2 Sex altaria lateralia
3 Sacristia Templi
4 duo campanilia
5 Porticus pro peregrinorum receptaculo
6 Frontispicium et Gazophylacium

21 Wallfahrt der kurfürstlichen Familie, Ölgemälde

22 Fürstentag von 1681, bei dem Kaiser Leopold I. und Kurfürst Max Emanuel den Feldzug gegen die Türken planten, Ölgemälde

23 Das romanische Westportal der Stiftskirche, geweiht 1245

24 Romanischer Taufstein der Stiftskirche

25 Türflügel des spätgotischen Nord-
portals der Stiftskirche, 1513-1519.
Relieffiguren oben S. Philippus
und Jakobus; in den unteren Rau-
tenfeldern die abendländischen
Kirchenlehrer mit je einem Evan-
gelistensymbol. In den Zwischen-
feldern symbolische Fabelwesen
(Basilisk, Einhorn, Sirene, Phönix
u. a.)

26 Der gegenüberliegende Türflügel mit den Relieffiguren S. Ursula und Maria mit dem Kind auf von Engeln gestützten Sockeln. Darunter die 4 Hauptpropheten und einige Tierdarstellungen, z. B. links oben ein Löwe, der durch sein Gebrüll seine toten Jungen zum Leben erweckt: Symbol der Auferstehung.

27 Geburt Christi, Reliefdarstellung vom oberen Abschluß des Südportals der Stiftskirche zum Kreuzgang hin, 1513-19

28 Anbetung der Könige, ebenda. Diese Reliefs gehören neben Hans Leinbergers Werken zu den besten Leistungen der spätgotischen Skulptur Altbayerns.

29/30 Spätgotische Stiftertafel in der Siebenschmerzenkapelle über dem Kreuzgang der Stiftskirche, um 1500

31/32 Glasgemälde in der Tillykapelle (= ehemalige St. Peterskapelle), 1426 von Hans Ponhaymer gestiftet

33 Freskenreste im gotischen Kreuzgang der Stiftskirche mit musizierenden Engeln, 15. Jh.

4 Die 1979 wiederentdeckten Bilder der Hl. Drei Könige am Gewölbe in der Nordostecke des Kreuzgangs

35 Inneres der Stiftskirche, spätgotischer Hallenraum, 1499-1511 von Jörg Perger aus Burghausen

Die Gnadenkapelle Abb. 36 -Abb. 47

36 Gnadenkapelle und Stiftskirche

37 Im Vorraum der Gnadenkapelle

38 Der in Gold und Silber 1645 - 1730 gearbeitete Gnadenaltar.
Rechts Silberfigur des Kurprinzen Max Joseph von Bayern,
1737 von Wilhelm de Groff; links des Hl. Bruder Konrad von
Parzham, 1931 von Georg Busch. Zu beiden Seiten barocke Glas-
schränke mit Silbervotivgaben.

39 Das Gnadenbild von Altötting
ist eine frühgotische Holzfigur
vom Anfang des 14. Jh. Es
zeigt in der innigen Beziehung
von Mutter und Kind den
Einfluß der mittelalterlichen
Mystik. Die Figur ist vielleicht
in einem oberrheinischen
Zisterzienserkloster ent-
standen. Die schwarze Färbung
wurde durch jahrhunderte-
langen Abbrand der Opfer-
kerzen verursacht.

40 Das mütterliche Gnadenbild ▷

◁ 41 Das Gnadenbild in seinem Schrein. Die Sitte das Gnadenbild prächtig zu bekleiden, läßt sich in Altötting schon 1518 nachweisen.

42 Der Silberprinz von Wilhelm de Groff, Portraitstatue des Kurprinzen Maximilian Joseph, die 1737 vom Kurfürsten Karl Albrecht als Dank für Hilfe bei schwerer Krankheit des Thronerben gestiftet worden ist, ein Meisterwerk höfischer Devotion.

43 Stammbaum Jesse am Gnadenaltar, von Ableitner und Oxner, um 1680

44 Silbervotivgaben in der Gnadenkapelle ▷

45 Königsherzen in der Gnadenkapelle

46 Epitaph und Herzurne Kaiser Karl Albrechts VII. von Joh. B. Straub 1745; Reichsadler, bayrischer Löwe und die Allegorie der Trauer beklagen den Tod des Kaisers. Eines der schönsten Grabmäler des 18. Jh. in Deutschland

47 Barockgiebel von 1768 an der Gnadenkapelle

PFLEGE UND FÖRDERUNG DER WALLFAHRT DURCH HEILIGE DINGE

Bedenken wir das rasche Anwachsen der Wallfahrt nach dem Aufleuchten des Wunders im letzten Jahrzehnt vor 1500: 1489 geschah das erste Miraculum; 1490 schon verbreitete man Pilgerabzeichen in Massen; 1493 pilgerte die Residenzstadt Landshut in mächtigem Zuge und in amtlicher Organisation daher, bald auch Straubing, Burghausen, München; von 1494 stammt das erste uns bekannte Mirakelbüchlein, ein größeres von 1497; 1498 konnte der Landesherzog für seine Kriege 57 000 Gulden entleihen, 1499 der Bau einer neuen großen Stiftskirche begonnen und bezahlt werden.

Aber wie sollte das weitergehen? Hunderte von Wallfahrten wurden erweckt in jenem Jahrhundert und schliefen wieder ein. „Das Wunder von Altötting" ist, daß die Wallfahrt lebendig blieb bis zum heutigen Tag. Die Gebetserhörungen gingen weiter, weil das Vertrauen weiter blühte; das Vertrauen blühte weiter, weil es ehrlich fundiert war und weil es gepflegt wurde. Dieses soll im folgenden ausgeführt werden: die Pflege und Förderung der Wallfahrt durch heilige Dinge — durch persönliche Bemühung hoher und würdiger Herren.

Mirakelbücher

Ein mächtiges Mittel zur Förderung der Wallfahrtsidee waren zu allen Zeiten Druck und Verbreitung der Wunderberichte. Wer Erhörung gefunden hatte, verkündete es freudig in seiner Heimat. Manch einer hing seine Handschrift mit dem Bericht, auch bestätigt und gesiegelt von hohen Herren, an die Kapelle. Viele sagten ihre Heilung bei der Kapellenverwaltung an; diese schrieb sie in feierliche Protokolle, sammelte sie in dicke, interessante Mirakelbücher. Propagandaschriftchen flogen in alle Welt hinaus.

Das älteste uns bekannte dieser Mirakelschriftchen wurde 1494/95 in Augsburg gedruckt. Die erste Seite zeigt eine Rosenkranzmadonna. Die sieben Textseiten melden 25 Wunder im kernigen Stil eines Auszuges aus Protokollen.

Ein Beispiel: 9. „Item Joerg Eispain von Pechlerin ist gestochen worden am Pfinztag nach Stephani im 93. nächtlicherweil mit einem Brotmesser bis an das Heft in den Bauch neben den Nabel. In dem hat er angerufen die Mutter aller Gnaden und Barmherzigkeit zu alten Otting. Nach dem Gelübde am 10. Tag nichts mehr empfunden. Ist hie gewesen des abends nach Nativitatis Mariae im 93. Jahr."

Die bekanntere und umfangreichere Sammlung von Mirakelberichten nennt sich „Das buchlein der zuflucht zu Maria der mutter gottes in alten Oding"; der Altöttinger Chorherr Jacobus Issickemer ließ es 1497 in Nürnberg drucken. Es bringt nicht mehr nur die Meldung der Wunder in knappem Stil, sondern ordnet und arbeitet sie aus zu einem erbaulichen Büchlein. Issickemer führt aus der kurzen Zeit von 1495 bis 1497 als ‚kleine' Auswahl 77 Mirakel vor. Sie stehen im Rahmen eines frommen Textes mit 7 Kapiteln: Von Maria empfängt der gefangene Mensch Befreiung, der kranke Gesundheit, der traurige Tröstung, der sündige Verzeihung, der gerechte Gnade, der Engel Freude, ja auch die Trinität Ehre und Glorie. (In Maria als einem königlichen Throne ist der König der Glorie gesessen von seiner Empfängnis bis zu seiner Geburt.)

Das Ziel Issickemers ist ausdrücklich die Mehrung des Vertrauens zur Muttergottes von Altötting; danach richtet er bei aller Wahrhaftigkeit die Auswahl und Anordnung seiner Berichte, den Stil seiner Darstellung und die Betonung von Kleinigkeiten. Da werden Beweismittel für die erfolgte Heilung mitgebracht, Zeugen, Zeugnisse mit Brief und Siegel; es wird berichtet, daß ärztliche Hilfe vergebens gewesen sei, ja daß auch Zuflucht zu anderen Wallfahrtsorten enttäuscht habe. Wird eine gelobte Wallfahrt nicht ausgeführt, kommt etwa die Krankheit zurück. Ohne Umschweife fordert sogar die Erscheinung der Muttergottes selber zur Wallfahrt auf. Dabei sind diese Formulierungen sicherlich ehrsam und aufrichtig gemeint.

Ein kräftiger Text aus dem ‚Büchlein der Zuflucht' sei angeführt: „Katharina Petterin von Goblitz im Lande zu Behem im Erzpriesteramt Kramaw, saget in den Tagen der Pfingsten, daß ihr ein Kind im dritten Jahre seines Alters an unsers Herrn Auffahrt tagsabend nächst davor in einen tiefen Bach gefallen und völliglich ein Stunde darinnen gelegen sei. Und da sie der Ding nit gedacht über den Bach ging, sah sie das Kind in dem Bache, das Haupt unter sich zu Boden und die Füß über sich. Schrie sie laut, daß ihr Mann zulief, der möcht vor Schrecken nit in den Bach. Da lief ein anderer zu, der zog das Kind heraus, da war alles erstarret, empfanden kein Leben in ihm, war auch des kein Tröstung von niemands. Aber sie, ihr Mann und neun andere Menschen knieten nieder, rufen an Mariam die Mutter dessen, der das Leben gibt, sich gen alten Öding versprechend mit einem wächsen Bilde. In dem gab ihr Gott ein, daß sie auf das Kind ein heißes Kissen und auf den Mund ein heißes Brot legte und ihren Finger darnach täte in des Kindes Mund und rufet zu Maria. Da schoß Wasser und Blut von ihm. Rufet da mit ganzer Klage und Vertrauen zu Maria. Da tat das Kind ein Auge auf und in einer Stunde, nachdem es aus dem Wasser kam, ward es ganz frisch und gesund und lebte auf heute Tage."

Ein weiteres Propagandaschriftchen von 1540 ist wieder direkt zu weiterer Verbreitung im Volk gedacht. Auf acht Seiten Text werden 27 Wunder in knappem Stil gemeldet. Anzunehmen ist, daß Altötting alle Jahre ein derartiges Propagandaheftchen drucken ließ, wie es nachweislich Tuntenhausen praktizierte.

Wir führen vor das Wunder Nr. 11: „Item ein Knab in dem 8. Jahr alt Michel Wyßmeir auf dem Weyhert, der ist blind von Mutterleib geboren worden und hat all sein Tag kein Gesicht nit gehabt. Indem haben Vater und Mutter das Kind versprochen zu unser Frauen alten Ötting in ihr Kapellen mit einem Opfer und haben den Knaben her bracht. Da ist der Knab in unser Frauen Kapellen frisch gesehen worden gegenwärts allen Menschen, die da sind gewesen. Aus sonder Hilf Mariä der Mutter Gottes hie zu alten Ötting."

Für die Folgezeit finden sich Mirakelberichte in den geschichtlichen Abhandlungen Eisengreins von 1571, Irsings, Scheittenbergers, Küpferles. Ausschließliche Mirakelbücher wurden von Schilcher gedruckt für die Jahre 1661—1719. Geschriebene gebundene Mirakelbücher besitzt Altötting für die Zeit von 1620 bis 1799; dazu kommen viele einzelne Protokolle und Akten.

Die schnelle Aufwärtsentwicklung der Wallfahrt scheint gerade in den Mirakelbüchern auf: Erhörung melden der Bauer, Bürger, Handwerker, Adelige, der Fürst, Bischof und Kaiser. Die Opfergaben wachsen an vom zwei Heller-Almosen und Brotwecken und wächsenen Kindl bis zum silbernen Prinzen und goldenen Rößl. Die Reichweite der Wallfahrt dehnt sich von Altötting über Altbayern, Franken, Österreich mit Böhmen, Südtirol, Kärnten und Steiermark bis zum Rheinland.

In unserer Zeit ist es einerseits nicht modern, Berichte von so „halben Wundern" zu veröffentlichen, andererseits hungern Leute, die nicht so sattelfest im echten Glauben sitzen, nach solchen Wunderberichten. Mit der gebotenen Zurückhaltung könnten wir darauf hinweisen, daß auch jetzt noch Berichte über Erhörungen gemeldet werden, meist freilich mit der Bitte um Diskretion. Diese Mirakelberichte wollen wir nur pietätvoll aufbewahren.

Votivtaferl

Schon Issickemer berichtet 1497, daß einer seinen Wunderbericht an einem Täfele in der Kapelle aufgehängt hat. Eine Votivtafel ist ein Zeugnis, daß Maria geholfen hat, oder eine Bitte um Hilfe, oder die Weihe, Anbefehlung einer Person oder Familie an die Muttergottes. Votivtafeln sind also unmittelbare Äußerung eines Wallfahrtsvertrauens und damit mächtiges Zeugnis und eine Einladung und Aufforderung an andere, ebenfalls Zuflucht zur Muttergottes zu nehmen.

Die Darstellungen der Votivtaferl umfassen die ganze Skala der menschlichen Nöte: Vom Kopfweh bis zum Knaben in der eisernen Lunge und zur modernen Herzoperation — Sturz vom Fahrrad bis zum Unfall unter Auto, Bulldog, Eisenbahn, Flugzeug — Hundebiß bis zu Seuche und Pest — Frauenkrankheiten und Männersuchten, Gebärstuhl und Mutterfreuden — Raubüberfall und Lösung aus Gericht und Gefängnis — Heilung von Wahnsinn und Seelenpein — Kriegsgefahren aller Jahrhunderte und Flüchtlingsnot und Flüchtlingsdank. Häufig sieht man den so menschlichen einfachen Einstand einer Person, einer Familie, auch mitsamt Kuh und Pferd und Schweinlein, in der Gestalt des stellvertretenden Bildes, das für immer an der heiligtrauten Stätte bleiben darf.

1967 wurden alle Votivtafeln restauriert und geordnet. Altötting hat ein Votivbild vom Jahr 1501 aufzuweisen (eines der ältesten im deutschen Gebiet), eines von 1518 aus Passau, aus dem 17. Jahrhundert 49, aus dem 18. Jahrhundert 43, aus dem 19. Jahrhundert 1427, aus dem 20. Jahrhundert an erwähnenswerten etwa 400, zusammen also etwa 2 000. Im Jahr 1700 war sogar der Kreuzgang der Pfarrkirche mit Tafeln besetzt, allein in den Jahren 1892 und 1893 zusammen kamen fast 3 000 Tafeln herein. Es sind also viele Tausende von Tafeln verlorengegangen, zum Teil natürlich wertlose; aber sicher sind auch viele interessante Zeugen und Darstellungen des religiösen Volksglaubens vernichtet oder verkauft worden. Um so wichtiger ist es, den so schönen Bestand zu retten und zu pflegen, sich an seiner schlichten Frömmigkeit zu erbauen und ihn weiterzuführen. Er wirbt auch heute noch für die Wallfahrtsidee. Auch heute noch werden Taferl geopfert, erfreuliche — hinsichtlich der Form — freilich nur etwa ein Dutzend im Jahr.

Die großen Mirakeltafeln

Um die Gnadenkapelle und das vor 1500 angebaute Langhaus wurde, wahrscheinlich gleichzeitig mit diesem, ein verdeckter Gang für die Wallfahrer gebaut. Er führt zu Besinnung und gesammeltem Umgang und läßt doch durch die weiten offenen Bögen Licht und Luft und Welt hereinwehen. In diesem Umgang hängen an die 2 000 Votivtafeln; seine eigentliche Kostbarkeit aber sind die 57 hohen spätgotischen Mirakeltafeln. Sie bedecken über zwei Drittel der Kapellmauer.

Aus ihnen leuchtet das Leben des 15. und 16. Jahrhunderts auf uns, die sorgen- und unheilvolle, aber auch hoffnungs- und segensvolle Seite des spätmittelalterlichen Volkslebens:

zwölfmal Unfall eines Kindes: Sturz aus der Wiege, in die Spindel, ins Wasser, vom hohen Berg, vom zusammenbrechenden Turm, unter dem Balken, der ihm den Kopf zermischet;

Unfälle Erwachsener: Pfeil ins Auge, Sturz vom Pferd, Wirbel unter das gehende Mühlrad;

Gewalttaten: Messerstich durch Hals und Gurgel, Spieß durch die Brust, Gefängnis, Raubüberfall, Folterung auf dem Rad;

Kriegsschrecken: Pfeilschuß durch den Hals im Krieg des Königs von Frankreich gegen Mailand, schwere Verwundungen im Kampf des Kaisers Maximilian gegen die Schweizer;

Naturkatastrophen: Feuersbrunst und Meeressturm;

dann alle lieben Krankheiten: Fieber, Ruhr und Gicht, Augenleiden, Schlagfluß, Zungengewächs, Bruch, Harnstein, Wahnsinn und Epilepsie, Schlangen im Leibesinnern, Syphilis;

und der geplagten Frauenwelt: ersehnter Kindersegen, schwere Geburt, Blindgeburt, Totgeburt.

Eine Tafel ist von besonderem Interesse wegen des legendären Textes über die Gründung Altöttings, aber auch wegen der lehrreichen Darstellung. Der Herzog Otto (?) in vollem Ornat beaufsichtigt 572 die Erbauung der alten Rundkapelle, in der bereits das Gnadenbild sichtbar ist mit betenden Wallfahrern, und im Hintergrund steht die neue gotische Basilika mit angebauter Schatzkammer und Propstei, wie sie der Maler etwa um 1510 sehen konnte.

Das alles ist vielleicht ein bißchen hölzern gemalt, aber lebhaft und eindringlich und schön: die Bauernstuben und Bürgerstuben, die Arbeitsstätten und Krankenzimmer, die Gnadenkapelle, die Landschaft mit Berg und Tal und Fels und Meer, die Bauern, Bürger, Handwerksleute in ihren Trachten. Die Madonna ist auf den 57 Bildern nur zwölfmal dargestellt; auffallenderweise zeigt sie nur viermal Ähnlichkeit mit dem Altöttinger Gnadenbild, sechsmal schwebt sie als Erscheinung im Raum, zweimal ist sie irgendeine Madonna, fünfundvierzigmal fehlt sie vollständig. Es ging dem Künstler und seinen Auftraggebern offensichtlich nicht darum, die Holzstatue unmittelbar magisch als Helferin zu dokumentieren, sondern eben, und das ist doch tröstlich, die Muttergottes im Himmel droben.

Von höchstem Interesse sind die Texte der Mirakelbilder. In ihrer inhaltsreich gedrängten

Kürze sind sie wohl sicher aus den Protokollen der Kapellverwaltung ausgeschrieben worden. Vier davon lesen wir wörtlich in Issickemers ‚buchlein der Zuflucht zu Maria' (1497 gedruckt), fünf in dem Mirakelbüchlein von 1540, davon eines wieder fast ganz wörtlich.

Einige der kräftigen Berichte mögen selbst zu uns sprechen:

„Scolastica Wintzerin, Rentmeisterin zu Regensburg, ist selbviert zu Minchen auf einem Floß aufgefahren. Sind die Schiffleut zu Mospurg an die Bruck gefahren, den Floß zu Trümmern gestossen. Ist obgemeldete Rentmeisterin samt ihren dreien Jungfräulein inmitten der Isar in allen ihren Kleidern wohl drei Ackerläng Wegs gerunnen. Indem hat sie angerufen Mariam, sich her gen Altenödting versprochen. Ist nach dem Gelübd und Anrufen zuhand ohn alle Hilf und ohn Leid an das Gestad ausgerunnen. Geschehen im 91. Jahr.

Wolfgang Schneider von Fürstenfeld hat ein Kind mit Namen Jorg. Als derselb Jorg sieben Jahr alt gewest, ist er bei den Kloster Fürstenfeld ab der Brucken in die Ammer gefallen, und bei hundert Schritten unter dem Wasser gerunnen. Indem hat man das Kind herausgezogen, aber kein Leben an ihm gefunden, und bei zweien Stunden für tot gelegen. In solcher Angst und Betrübnis hat der Vater das Kind alher versprochen, mit einem gesungenen Amt und einem Pfund Wachs, im Almosen zu sammeln. Ist dem Kind gnädiglich geholfen, lebendig und gesund worden. Angesagt anno etc 20.

Hanns Felck von Augspurg, ein Sporergesell, ist zu München angenommen worden, und zu dem Rechten gestellt überwunden mit Rad gerichtet, alle Glieder zerbrochen, auf das Herz, Rücken und Hals gestossen und in das Rad geflochten. Hat angerufen Mariam die Jungfrau und sich hieher versprochen und verlobt mit etliche Pfund Wachs, ein wächsen Rad, ein Mannsbild darauf. Nach solchem Gelübd gnädiglich erlöst und ledig worden. Ist hie gewesen in den Pfingstfeiertagen anno 1500."

Des Jesuiten Jacobus Irsing Geschichte von Altötting, lateinisch gedruckt 1643, im selben Jahr auch in Deutsch veröffentlicht von Stiftsdechant Johann Scheittenberger, schreibt zum Jahr 1520: „In diesem 1520. Jahr hat man dem andächtigen ankommenden Volck zu Gefallen ausser der Capellen unter dem Gang herumbe etliche auff Tafeln gemachte Wunderzaichen wie noch zusehen auffgehengt; Ein Anzaig der Mutter Gottes weit außkommenen und berühmbten Lobs und Anraitzung newe und mehrere Gnad und Gutthaten von ihr zubegehren; massen dann solches auch hernach beschehen wie auß nachfolgenden zuvernehmen." Wir verstehen schon! Der Jesuit spricht es klar aus, wozu die Umgangstafeln geschaffen wurden: dem Volk zu gefallen — zum Zeugnis — zur Weckung für neues und noch größeres Vertrauen. Die Umgangstafeln sind also direkte Mittel zur Wallfahrtsbildung. Dieses große Wallfahrtsbilderbuch von 1520 ist zu aller Nutz und Freude unverändert erhalten geblieben.

Der Bestand ist folgender: 56 Tafeln haben eine Höhe bis zu 2 Metern; dazu kommt eine zweiteilige Tafel mit gotischem Ausschnitt für das Westportal. Die Breite der Tafeln ist meist ca. 50 cm; die größte geht aber bis zu 104 cm; auf zwei zusammengemalten Tafeln haben die je drei Bilder gar nur je 37 cm Breite. Die schmäleren Bilder gelten als später hinzugefügt; sie melden auch die späteren Jahreszahlen bis herunter auf 1540.

Über den Namen des Malers dieser Tafeln kommen die Kunsthistoriker zu keiner festen Aussage. Er arbeitete im Raum Altötting/Mühldorf. Die liebevolle Ausgestaltung landschaftlichen Hintergrundes reiht ihn, wenn auch nicht als ersten Meister, in die sogenannte Donauschule. Leider fehlen die Kirchenrechnungen der Kapelle von 1513—1529, die sichere Auskunft geben könnten.

Eine weitere Tafel im Ausmaß von 160 mal 127 cm stellt in drei Szenen die Räderung des Studenten Thomas Hanß von Hall in Tirol dar. Das Bild wurde 1664 auf Bestellung der Kapellverwaltung für 15 Gulden von dem Maler Wolfgang Rast in Neuötting gemalt. (Dieses Wunder wurde [vgl. Hans Hochenegg, Heiligenverehrung in Nord- und Osttirol, 8. 18] auch in Maria Luggau in Kärnten gemeldet. Jedenfalls lebte der Thomas Hanß, von der Kapellverwaltung unterstützt, eine Zeitlang in der Umgebung von Altötting. Von dem Bericht über seine auffallende Rettung wurden 8000 Stück in deutscher Sprache und 500 in lateinischer gedruckt und verkauft.)

Pilgerzeichen

Ein Pilger, der nach Rom wallen ging, erhielt auf seinen Hut als Ausweis und Erinnerung ein Pilgerzeichen: die gekreuzten Schlüssel Petri. Albrecht Altdorfer schenkte uns einen Holzschnitt davon, benannt ‚Pilger um 1500‘. Zwei Pilger machen Rast vor einem Bildstock, mit Pilgerstab und Feldflasche und Proviantsack ausgerüstet, mit Weib und Kind belastet, und auf ihren Hüten sind deutlich zu sehen die Pilgermuschel, die Schlüssel Roms und ein ähnliches Abzeichen. Pilger genossen ja Schutz und Privilegien in jener rauhen Zeit und Recht auf Unterkunft für wenig Geld oder Gotteslohn.

Einsiedeln in der Schweiz vergab im Jahre 1466 an die 130 000 solcher Pilgerzeichen von seiner Engelweihfeier. Auch von Mariazell in der Steiermark ist ein Pilgerzeichen von ca. 1520 erhalten geblieben. ‚Die schöne Maria in Regensburg‘ blühte nur 1519—1542. Auch hier gab es Pilgerzeichen mit dem Bild der Madonna. Im guten Jahr 1520/21 wurden verkauft fast 10 000 silberne, darunter auch vergoldete, und über 12 000 bleierne Zeichen, zusammen also 22 000.

Wie warb Altötting durch Pilgerabzeichen für seine Wallfahrt? Die Friedhofskirche St. Severin in Passau besitzt eine gotische Statue dieses Heiligen in Pilgertracht aus der Zeit vor 1500. An der Krempe seines Pilgerhutes trägt der Glaubensbote das sicherlich erste und originale Pilgerzeichen von Altötting. Es ist in Bleiguß hergestellt, zeigt in durchbrochener Arbeit ein spätgotisches Gehäuse, in ihm von einer Strahlenmandorla umgeben die Madonna mit dem Jesuskind. Darüber steht, auch in Blei gegossen „1490 altnoting“. Das Wallfahrtszeichen mit einer Höhe von ca. 5 cm ist sicherlich schon zu jener Zeit an der Statue angebracht worden. Es ist also ein verehrungswürdiger Zeuge für den Beginn der Wallfahrt in Altötting, der mit 1489 angegeben wird. (Ob die Statue ursprünglich einen heiligen Jakobus darstellen sollte, ist ohne Belang.)

Auch Altötting hatte also von Anfang an seine Wallfahrtszeichen. Das können wir auch aus unserem Archiv belegen.

Es gab schon nach unserer ältesten Kirchenrechnung von 1492 kleine und große zinnene

Zeichen. Anfangs kaufte die Kapellverwaltung das Zinn (Blei), ließ es in Zeichen gießen und verkaufte sie; von 1544 an kaufte sie die fertigen Zeichen bei den Zinngießern. Von 1503 an erscheinen silberne Zeichen, von 1508 an auch silberne vergoldete. Die kostbareren Ausführungen wurden bald auch beliebtes Ehrengeschenk für hochgestellte Personen, diensttuende Beamte und Freunde der Wallfahrt; bald wurde daraus ein periodisches Recht der jährlichen ‚Ehrungen‘. Die Menge der ausgegebenen Zeichen bewegte sich auf- und abwärts mit dem Hoch- und Niedergang der Wallfahrt. Leider können nicht exakte Stückzahlen angegeben werden; die Verrechnung erfolgte pfund- und zentnerweise. Die zinnenen wogen zwischen 2 und 6 Gramm. Nachweisbar ist folgender Verkauf: Für das Vorjahr 1491 ist noch ein Restposten von 300 Pfund vermerkt, wobei das alte Pfund mit 240 Gramm anzusetzen ist. 1492: 1855 Pfund, das waren mindestens 130 000 Zeichen. 1493: mindestens der Vorrat von 1428 Pfund. Nach der nächsten uns vorliegenden Rechnung von 1503 wurden 430 Pfund verarbeitet. Auch 1505 wurden nur 100 Pfund Zinn gegossen, „wann es stät Krieg gewesen ist". Im Jahrhundert der Reformationszeit ging der Verschleiß noch weiter zurück bis auf 4 Pfund zinnene Zeichen. Erst Ende des 16. Jahrhunderts stieg der Verbrauch wieder an auf 100 Pfund und darüber. (Z. B. wurden im Jahr 1656 bezogen ca. 11 000 Zeichen aus Zinn, dazu 16 500 aus Messing. Verkauft wurden 9 336 Zeichen der verschiedenen Arten im Jahr 1656 und 11 617 Zeichen im Jahr 1657.) Gleichzeitig entwickelten sich Schönheit und Vielfalt der Medaillen zum Andachtsgegenstand in kostbarer und leider auch billigster Ausführung. Jedenfalls ist eine Altöttinger Medaille eine Erinnerung und damit auch eine Werbung für den Wallfahrtsort.

Andachtsbilder

Gerne nahmen die Pilger aller Zeiten Andachtsbildchen mit nach Hause. Sie sind eine Erinnerung nicht nur an die durchgeführte Wallfahrt, sondern auch im weiteren Lebenslauf Aufruf zu frommem Denken und Vertrauen. Sie möchten selber gern kleine Gnadenbilder werden, hinausgeweht in alle Welt, und sie wollen auch immer wieder erinnern und einladen zur Rückkehr an den heiligen Ort, womöglich mit neuen Freunden der Muttergottes. Es wurden dem Wallfahrtsort sogar Fälle auffallender Hilfe gemeldet, die durch das über ein Bildchen angeregte Vertrauen zur Muttergottes erfolgten. So trug ein Hauptmann aus der böhmschen Stadt Genubiz stets ein Altöttinger Bildchen bei sich; ihm schrieb er es zu, daß 1694 beim Kampf gegen ungarische Rebellen er allein aus seiner ganzen Mannschaft von 600 Soldaten mit dem Leben davonkam.
Wir verstehen also, warum alle Wallfahrtsleitungen auf Herstellung und Verbreitung guter (wenigstens erträglich guter) Wallfahrtsbildchen bedacht sind. Altötting verschenkte die Bildchen, sogar Schleierbildchen bis zur Inflation 1922 tausendweise an die Wallfahrer, bis 1913 sogar je 37 000! Das war gewachsen mit dem Pilgerandrang; schon 1840 waren es 10 000 gewesen.
Den Anstoß zur kostenlosen Verteilung gab die Einführung eben dieser Schleierbilder. Der Herr Stiftsdechant Joseph Hagn hatte auf einer Romreise 1736 gesehen, daß Loreto sein

Gnadenbild am Karfreitag mit einem schwarzen Schleier umhüllte; Stückchen dieses begehrten Schleiers klebte man auf Bildchen zur Verteilung an die Pilger. Das praktizierte der fromme Dechant 1737 nun auch in Altötting: die Verhüllung des Gnadenbildes an den Kartagen, die Fertigung der Schleierbildchen, die Vergabung, vorerst freilich nur an den kurfürstlichen Hof, an vornehme geistliche und weltliche Beamte, an besondere Wohltäter des Wallfahrtsortes. Nachdem er allerhöchste Genehmigung erhalten hatte, konnte er ab 1738 mehr Schleierbildchen herstellen lassen und eine größere Zahl von Pilgern damit beglücken. Es begann mit 600 Bildchen pro Jahr. Bildchen und Schleier wurden von der Kapelle gestiftet, die Arbeit besorgten die Englischen Fräulein, anfangs gegen verbilligte Wasserlieferung aus der eigenen Leitung der Kapellenstiftung, später auf allerhöchst genehmigte Rechnungstellung. Daß die Tausende der später geborenen Gratis-Schleierbildchen nur indirekt am Gnadenbild berührt wurden, war amtsbekannt. Auch heute noch gibt es echte Schleierbildchen vom Karfreitag, aber nur in ehrlich geringer Zahl für besondere Freunde des heiligen Hauses. Der Aufdruck über den noch vorhandenen ‚Küpferlen‘ lautete: „Trauer-Schlayr mit welchem diß heil. Gnadenbild am Charfreytag bekleidet war.“ Neben der kostenlosen Verteilung der Schleierbildchen von Amts wegen blühte der freie Verkauf von Andachtsbildchen. Diese entwickelten sich mit der für Massenverbreitung geeigneten Drucktechnik. Das Museum im oberösterreichischen Ried hat etwa 600 verschiedene Altöttinger Bildchen, das Bayerische Nationalmuseum ca. 460, das Altöttinger Wallfahrtsmuseum zeigt ca. 400 (hat aber viel mehr). Kupferstich, Phototechnik, Lithographie, Mehrfarbendruck beeilten sich, in Dienst genommen zu werden. Nach unseren Rechnungen wurden die ersten Bildchen für die Histori- und Mirakelbüchlein gefertigt; bald fand man, daß sie auch für sich allein begehrt waren. Diese älteren Bildchen (bis 1655) sind von dem führenden Kupferstecher Johann Sadeler, der auch für den Hof arbeitete, gestochen und in München gedruckt worden. Doch auch Augsburger, dann Burghausener, Neuöttinger Druckereien zeichneten als Verlag mit meist ungenannten Künstlern. Viele Bildchen des 18. Jh. wurden nach Wunsch handkoloriert, ‚illuminiert‘; bald siedelten sich Gebetchen um das abgedruckte Gnadenbild an und weiteten es aus zum Breverl, Brieferl, dem aufklappbaren Andachtsbild. Leider hat die degenerierende Massenfruchtbarkeit gerade im Blumengarten der Andachtsbildchen unter Ausnützung flacher, sentimentaler Anforderungen auch viele allzu süße Kinderlein in die Welt gesetzt. Das wurde leider bald möglich, als von der Kapelle unabhängige Krämer und Verleger ihre eigenen Bildchen zeichnen und drucken und färben ließen, erstmals schon 1661. Doch kann Altötting auch heute noch mit vielen guten, ansprechenden Andachtsbildchen erfreuen.

Wachs- und Naturalopfer

Ein mächtiger Komplex von Zeugnissen ehrlicher Dankbarkeit und bewährten Vertrauens sind die Weihegaben an Unsere Liebe Frau von Altötting. So benennt sich auch das derzeit beste, zweibändige wissensachftliche Werk der M. A. König vom Jahr 1939/40. Weihegaben sind Zeichen des Dankes, der Bitte, Sühne, Selbsthingabe im Symbol. Aber, einmal dargebracht, sprechen solche Opfergaben doch eindringlich auch zu anderer Auge, Ohr und Herz und zeugen als glaubwürdigste Beweise belohnten Vertrauens eben neues Vertrauen, das Herzblut der Wallfahrt. So müssen auch die verschiedenen Gattungen von Opfergaben hier zu Wort kommen.

Die Kerze ist eine uralte Opfergabe, die an Stelle der opfernden Person sich verzehrt am heiligen Ort. Kerzen wurden und werden darum zu jeder Zeit in großen Mengen gestiftet. Sie ermöglichen es, die Gottesdienste aller zugehörigen Kirchen feierlich zu beleuchten.

Von Anfang an blieb in der Absicht der Spender aber auch der Symbolcharakter lebendig. Man brachte etwa Wachs im Gewicht der erlangten Nachkommenschaft, des kranken Kindes, der Mutter. Noch deutlicher wird der Symbolcharakter, wenn das Wachs geopfert wird in der Form des kranken Gliedes: Arm, Bein, Brust, Kopf, Leib, Kind, Mann und Frau aus Wachs; ja sogar das Folterrad wurde in Wachs geopfert von dem, der daran gelitten hatte.

Heutzutage sind leider fast nur mehr große Kerzen üblich, mit allerlei bunter Zier umgossen, mit dem Gnadenbild und der Kapelle darauf und etwa einer Widmung. Figürliche Darstellungen sind selten geworden. Alte gemalte Kerzen wie der kühle Keller von Andechs hat die warme Gnadenkapelle von Altötting freilich nicht mehr.

Andere Naturalopfer haben auch ihre doppelte Seite, den Symbolcharakter Leben für Leben, oder einfach den Opferwert. Was konnte ein Bauer, eine Bäuerin vor allem als Herrin des Geflügels, leichter darbringen als eine Henne? Die Hühneropfer gingen in den ersten Jahrzehnten in die Tausende, wurden freilich immer seltener. Auch Kälber, Kühe, Rösser wurden nach Altötting verlobt; oft wurden sie jedoch gleich gegen Geld wieder ausgelöst. Die Taxation solcher Güter geschah mit salomonischer Weisheit. Die Schätzer durften nicht zu hoch und nicht zu niedrig gehen; setzten sie den Preis zu hoch an, so fanden sie keine Käufer und mußten die Ware um diesen Preis selber übernehmen; schätzten sie zu billig, so ging die Ware weg, aber damit auch die Möglichkeit, sie selber zu erwerben. Ein beliebtes Opfer war auch der ‚Harb‘, spinnfertig gearbeiteter Flachs; er stieg im fruchtbarsten Jahr 1492 auf die 59860 Pfunde an Gewicht mit einem Wert von 247 Pfund Pfennigen. Weniger kamen Opfer an Getreide, Eiern, Schmalz. Sie waren eben doch nur reiner Wert mit nur geringer symbolischer Bedeutung für eigene Arbeit und Lebenskraft. Wohlhabende Frauen opferten lieber Festkleid, Brautschleier, Taufhemden. Näher ins Heiligtum durften eindringen unliturgische und liturgische Zier und Gewandung für das Gnadenbild und die Kapelle, für Altar und Gottesdienst.

Geldopfer

Den Titel heiliger Dinge scheinen geopferte Gelder nicht zu verdienen; aber gegeben aus dankbar frommer Gesinnung zu Ehren der Muttergottes und eben doch unbedingt notwendig für die Betreuung einer so großen Wallfahrt, sollen sie nicht unterschlagen werden. Viele Neugierige fragen doch danach.

Bargeld floß besonders anfangs vieles herein; davon wurde um 1500 die gotische Stiftskirche gebaut. Um dieselbe Zeit nahm der Herzog Georg ‚der Reiche' sämtliches greifbare Geld der Kapellenstiftung, 57 000 Gulden, zur Finanzierung seines unglücklichen Landshuter Erbfolgekrieges zu leihen. Auch später zwangen Kriege die bayerischen Fürsten, sogar den wohlgesinnten großen Kurfürsten Maximilian I., dann die Not mit dem Napoleon, immer wieder zu Anleihen auf allerbilligste Verzinsung und oft auf Nimmerwiedersehen. Auch an andere schöne und hohe Herren mußten auf allerhöchste Befehle Kapitalien ausgegeben werden, und da zerrann das meiste Geld.

Später, in der sogenannten Aufklärungszeit, wurde das Geld der Muttergottes weiterhin fleißig abkommandiert, aber nun zu erfreulicheren Hilfeleistungen, zu Kirchenbau und Schulhausbau und zu Darlehen an kleine Leute bis hinunter nach Saalfelden und in den tiefsten Bayerischen Wald hinein.

Viel Geld kam herein zur Stiftung von gottesdienstlichen Feiern auf ewige Zeiten, vieles aber auch für alsbald zu feiernde Messen. Auf allerhöchsten Befehl mußten jahrzehntelang diese Stipendien als Kapital angelegt werden, und nur die Zinsen durften mit jeweils allerhöchster Genehmigung für Messen verwendet werden. Eine freie Messenverwaltung nach kirchlichem Recht wurde erst nach energischem Einspruch des Pfarrers und auf Drängen König Ludwigs I. gegen weltliche Verwaltungspraktiken durchgesetzt. Die Bereinigung der gestapelten Messenschulden dauerte von 1825—1881.

Heute schenkt man der Muttergottes immer noch das Nötige zum Betrieb der Wallfahrt, für Erhaltung und Verschönerung der Kirchen, der mitarbeitenden Klöster, der Geistlichkeit, der Sänger und Musiker. Sonstige Reichtümer anzusammeln besteht keine Lust und auch kein Bedürfnis.

Kostbare Gaben der Schatzkammer

Schatzkammern wirken oftmals beklemmend auf unser Gemüt. Mit welchen Methoden wurde der Reichtum zusammengebracht? Mit Gewalt, List, Übervorteilung, Erbschaft, Arbeit, Freigebigkeit? Wer die Schatzkammer Unserer Lieben Frau von Altötting betritt, dem kündet der Text des Führers: Alles, was Sie hier sehen, sind Opfer- und Weihegaben der Gläubigen zum Dank und zur Bitte an die Muttergottes. So strahlt alles im Licht der Freude und Großmut und Freiwilligkeit, frommen Vertrauens und herzlicher Dankbarkeit. Lassen wir die Freude und die Schönheit einzeln auf uns wirken:

Da sind die Hausaltärchen, die bedeutenderen: das der Stadt Landshut von 1622 mit dem Silberrelief von Christus am Ölberg; das Flügelaltärchen der Grafen Fugger, verehrt 1682, verfertigt um 1600, mit vielen flächenhaft und figürlich gearbeiteten Bildern von Silber aus Bibel und Heiligenlegende, dazu Miniaturmalereien auf Pergament. Das Canisiusaltärchen, mit der Madonnenstatuette des jungen Leinberger; mit ihr wirkte der Heilige 1570 in Altötting eine Teufelsaustreibung an einem adeligen Hoffräulein der Fugger. — Die Landshuter Tafeln, in Silber getriebene Rosenkranzgeheimnisse, von denen nur sechs erhalten geblieben sind. Die Stadt Landshut opferte sie der Reihe nach (1628—1672) bei ihren wiederholten Wallfahrten als festlichen Kranz um den Gnadenaltar. — Von historischem Interesse ist die Türkentafel. Die Stadt Landshut hatte die Wallfahrt von 1684 motiviert als Bittgebet um Hilfe gegen die Türkengefahr; es wurde eine Silberstatue der Madonna geopfert, umgeben von zwölf Bürgergestalten, und auf dem hölzernen Sockel sind, in Silber getrieben, Türken mit ihrem Zeltlager und Kriegsgerät dargestellt. Dieser Sockel allein hat die Säkularisation überstanden; die Madonna samt Bürgern wurde eingeschmolzen. — Das große Elfenbeinkruzifix, der zweitwertvollste Gegenstand der Schatzkammer. Es ist nicht unmittelbare Weihegabe, aber unter Hingabe von Opferspenden 1626 aus dem Nachlaß des reichen Münchener Bürgers Sebastian Füll erworben worden. Die Elfenbeinfigur des Gekreuzigten (55 cm hoch) mit edelstem Ausdruck hängt auf hohem Kreuz mit kostbarsten Perlen und Edelsteinen und einzigartigen Miniaturgemälden auf Lapislazuli. — Die einzigartige Rosenkranzsammlung leuchtet uns an: aus fünf Jahrhunderten; in allen Farben; aus jedem Material: Gold, Silber, Messing, Kristall, Glas, Halbedelstein, Bernstein, Perlmutt, Bein und Holz; in jeder Verarbeitung: geschnitzt, gedreht, Filigran, oder Perle Natur, Stein, Same, Knöchelchen. Fast nicht zu klassifizieren sind die Unzahl und Vielfalt der Anhänger aus Religion und Aberglaube, die kostbaren Zwischenglieder in den Gesätzlein und die Abschlußkreuze. So eine Sammlung gibt es nicht noch einmal. — Die Münzensammlung interessiert noch viele, dazu die Tauftaler, Firmtaler, fürstlichen Hochzeitstaler, Frauentaler, die Gedenkmünzen zu historischen Ereignissen. — Schmuckvitrinen zeigen, wie die Frauen aller Stände und aller Zeiten sich ihr Kostbarstes vom Herzen reißen für die Muttergottes, und wie auch stolze Männer ihre nicht nur von ideellem Wert blitzenden Orden darbrachten. — Daß auch eine Sammlung liturgischer Geräte nicht fehlte, nimmt nicht Wunder: vom einfachen Kelch des heiligen Petrus Canisius bis zum Barockkelch des Barons Gumppenberg-Pöttmes (1620) und zu den Prunkmonstranzen des Bierbrauers und des Erzherzogs.

Doch verweilen wir noch etwas beim Goldenen Rößl, dem international berühmten Glanzstück der Schatzkammer. Vielen ist es leider nur als unbezahlbare Kostbarkeit bekannt. Es ist nicht direkt eine Weihegabe, sondern ein Gegenwert für das von Herzog Georg dem Reichen von Landshut um 1500 zur Kriegsführung entliehene Kapellvermögen. Das Rößl wurde von der Königin Isabeau von Frankreich, ehemals bayerische Prinzessin, ihrem Gemahl als Geschenk zum Neujahrstag 1404 verehrt. Sein eigentlicher Wert sind aber nicht Gold und Perlen und Edelgestein, sondern die trotz der Kostbarkeit so überzeugend gestaltete Huldigung eines irdischen Königs an die Himmelskönigin.

Einzelheiten vom Goldenen Rößl: Der Unterbau ist Silber vergoldet, aus Gold sind die Figuren und die herrliche Laube. Das wirklich Einmalige, das auch heutige Kunsthandwerker nicht mehr zustande bringen, ist die plastische Emaillierung auf metallenen Figuren. Dargestellt ist links kniend der König Karl VI. von Frankreich, rechts sein Marschall mit dem königlichen Helm. Unten hält der Knappe das ungeduldige Roß. Oben aber thront die Madonna in hochgezogener Laube aus Blättern von Gold und Perlen und Edelsteinen, Engel halten die Krone darüber, das göttliche Kind reicht der kleinen hl. Katharina den Verlobungsring, als weiße Kinderfiguren huldigen auch die beiden Johannesknaben.

Das Schicksal der künstlerisch wertvollen Weihegeschenke im Überblick: Schon Georg der Reiche nahm sie mit nach Burghausen; der Sieger im Erbfolgekrieg, Ruprecht von der Pfalz, schaffte sie weiter weg nach Neuburg an der Donau. 1509 gab Friedrich von der

Pfalz nach gütlichen Verhandlungen für die „entliehenen" Gelder und Schätze nach Altötting das Goldene Rößl und weitere 10 sehr kostbare religiöse Darstellungen aus Gold und Edelgestein. Wieder mehrten sich die Schätze in der reichen Barockzeit.

Die Säkularisation — und hinter ihr stehen nicht nur die Bedrängnisse der napoleonischen Kriege, sondern auch viel Mangel an Verständnis, an Sinn für Schönheit, Kunst, Gerechtigkeit, Religion und Glaube —, die Säkularisation fraß die Schätze völlig auf. Eine wissenschaftliche Arbeit über die Säkularisation in Altötting steht noch aus. In großen Zügen ergäbe sie folgendes Bild: Schon 1782 wurde von Amts wegen in 28 Arbeitstagen von einer hohen Kommission aus vier fremden und vier Altöttinger weltlichen und geistlichen Beamten erstellt ein „Churfürstl. gnädigst gefertigtes Inventarium über den sämtlichen Schatz der uralt hochheiligen Unser Lieben Frauen Kapelle zu Altenötting. De AO. 1782." Die Schätzung dem Material nach belief sich auf 274 750 Gulden. In diesem Buch von 298 Seiten zu lesen, stimmt traurig. Die allermeisten Einträge sind geziert mit dem Vermerk: „eingesendet, weg, verkauft". Die erste Rubrik „in Goldkasten" ergab 133 929 Gulden. Davon verblieben in Altötting nur Werte in Höhe von 21 780 Gulden. Von dem gesamten Buch dürften noch Gegenstände im damaligen Wert von etwa 90 000 Gulden vorhanden sein. Die gewichtigeren davon sind: das Goldene Rößl, das große Elfenbeinkreuz, der Silberprinz, der silberne Gnadenaltar, die älteren Fürstenherzen, liturgische Geräte, ein Christusbrustbild aus Amethyst mit vielen Granatsteinen, Altarleuchter mit eingebauter Sammlung von Ringen, die Skapuliere der Madonna und des Kindes, die beiden Kronen. Jedenfalls enthält der Schatz der Muttergottes von Altötting heute an weltweit geschätzten Werten nur mehr das Goldene Rößl, das Elfenbeinkreuz, den Silberprinzen, den Gnadenaltar: einen Schatten nur mehr der früheren Herrlichkeit; aber vielleicht ist es besser so. Verschwiegen braucht nicht zu werden, daß auch heute noch wertvolle Opfergaben gespendet werden. Auch sie erfüllen ihre Aufgabe: Zeuge zu sein für die Verehrung und die Dankbarkeit und die Frömmigkeit der Spender.

DEIPARAE VIRGINI OTINGENSI SACRVM
CLARISS.QVE DVCIBVS BOIORVM
VIELMIO.LITAVICO.ARI‹
ONISTO.DEDI‹
CATVM.

HISTORIA NON VVLGARIS VETVSTATES
QVE OTINGAE.BOIORVM.EX ANTI‹
QVIS LITERARVM MONVMEN‹
TIS EXCERPTAE A IOAN‹
NE AVENTINO.
QVEDAM VETERA MONVMENTA DIPLOMA‹
TAQVE DE VERBO AD VER‹
BVM EXSCRIPTA.

Cum Priuilegio.

48 Titelblatt der ältesten Beschreibung Altöttings von 1518

49 Älteste Zeichnung vom Gnadenbild, 1518 von Sebastian Schel (?)

Das buchlein der zuflucht zu Maria
der muter gottes in alten Oding Darinn
auch visach verdert vn verzaychent synd vil der merckliche
sten vn namhafftigsten wunderzaychen vn wercken durch
die hochwirdigsten gottes muter vn iunckfrawen Maria
erzaygt den yhenen die in iren n oten die selb muter der gna
den angeruffen vnd sye zu allten oring haymzusuchen ge
lobt haben.

50   Issickemers Mirakelbuch von 1497

Vnser liebe Fraw zu Alten Oetting:

Das ist/

Von der Vralten

heyligen Capellen vnser lieben

Frawen vnnd dem Fürstlichen Stifft

S. Philip vnnd Jacob zu Alten Oetting : Was
auch von den vilen Wunderzeichen/ Heylthumb/ Kirch-
farten/Creutzgängen/Erscheinungen vnd Hülff
der Heyligen/rc. desselben vnd anderer Ort zuhalten sey:

Vnd

Wie die Bayrn/zu dem Christlichen Catho-
lischen Glauben bekehrt worden : Sampt angehänck-
ten/ trewhertzigen Erinnerungen/ was sie sich
hinfüran/ bey Verlust irer Seelen Heyl/
in Religions Sachen verhal-
ten sollen:

Durch

Martinum Eisengrein/der H. Schrifft

D. weyland Probst zu Alten Oetting/ vnd der Ho-
henschul zu Ingolstatt/Vice Cantzler. Jetzo zum
andernmal vbersehen/gemehrt vnd gebessert.

Ingolstatt/

Anno M. D. LXXXVIII.

51 Titelbild des Geschichtswerks von Martin Eisengrein, 1588

Anno domini · 15 · 18 · Ist der durchleuchtig hochgeborn fürst hertzog zw brann=
schweig vnd lunenburg, sambt andern hernach benennten grafen herren
Nemlich Rittern Edelleutten volhann graff zu eberstain, her haus von
Brandeckh Ritter, Her Calper von kalnburg Ritter, wolf draisch pütt
her Georg von Adelzhaussen, Cunrad von Balfurt hanns von grans=
danckh, Moritz von estorff, Leni von Zana, Jörg von annattet, Jo=
achim von gamisch, vnd ettlich vil frantzosischer herren Edellendt zu
britania auf das mor gesessen Vnd mit gluckh gen sand Jacob
zw Campostella zw gallicia khumen, den hertigen zwolfpoten sand
Jacob hann gesucht, aber am wider vmb faren, Ist an sand Lar=
entzen abent, am Über grosser sturm Windt an sy khummen,
der gwert hat anderhalb nacht Vnd am tag, dar zw morckhli=
ch vil schiff verdorben sin, In solchen Iren grossen notten haben sy
angeruffe Mariam die muter gots aller genaden vnd barmhe=
rtzigkait von alten Ötting In bayrn gelegen, Vnd Jer am silbren
schiff zugeben versprochen, Also bald vnd das Versprechen
geschehen ist, hat sy die sunn die vormals mit grossen vinf=
stern trüben wolkhen bedeckht, was klärlich lauter geschiuen
des die herren auch schiflewt fast erfrewdt Würden, Vnd in also
haben die vorgenanten fürsten Ritter Vnd Edellewt dis gegenwertig
silbren Schiff zw Eren der muetter gotes voll aller genaden vnd
barmhertzikhait machen lassen, lobt Vnd eret die muetter
gots vmb das merckhlich grofs zaichen ·

52 Schiffbruch der Edelleute im Gefolge des Herzogs von Braunschweig und Lüneburg
auf der Wallfahrt nach Santiago, spätgotisches Tafelbild im Umgang, um 1520

Conraden Scheürlens
son von arzell bey
freysing ist vnsinig
angeschmit gewesen
bey fünff Jaren ha
ben seine Eltern mit
andechtigem hertzen,
angeruefft Mariam
die Junckfrawen vnd
Mueter gots, vnd ine
zu disem irem wurdi
gen gotshaus gen
alten ödring verlobt,
aus solchem verspre
chen ist er wider zu
seiner vernunft khumen
vnd gesund worden año.
FF III.

Pangrat Lipp von der eisn
stat hat in fünff Jaren kai
nen erben gehabt, in dem
die Mueter gotes angeruefft
omb ainen Erben deshalb
ainen khirchgang alhero ver
lobt, hat ihm sein haußfraw
ain khindt geborn, aber er
aus nachlessigkeit nit ausge
richt, also ist das khind ne
ben des vaters auf am
zeit hingefallen, vnd für
tod gelegen, hat er wide
rumb ainen khirchgang
zu disem wurdigen gots
haus sambt ainem gelug
nem ampt, zu den Ehren
der Mueter gotes voll aller
gnaden vnd barmhertzig
keit, versprochen nach dem
gelub ist das khind wi
derumb zweifels on durch
furbit der Junckfrawen
Maria, frisch vnd gesu
nd worden, hie gewesen
vnd angesagt, anno :::.

Hanns prins zu
schützing, hat ain toch
ter die lang mit dem
vallenden siechtagen
beladen gewesen, an der
khainerley gelüb zu
andern gotsheüsern
helffen wellen, zu lest
ist vater vnd mueter
in sin khumen si sollen
die tochter hieher ver
loben welches sy ge
ton, vnd andechtigklich
angeruefft Mariam
die Junckfrawe, nach
dem gelub ist sy gnedi
klich entlediget worden. &c

53/54 Die 2 m hohen Tafelbilder mit Wunderberichten im Umgang der Gnaden
kapelle wurden von einem Meister der Donauschule um 1520 gemalt

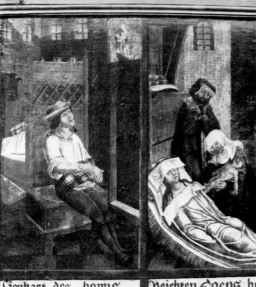

Lienhart des hanns müllners von Tegernbach son In Neüenburger gericht, hat ainen geschwollen arm gehabt sechs wochen, ist irm auch voller knopflen gewesen, Derhalben er den arm nit piegen noch geregen mögen, ist Ime Vnser fraw erschinen, er sol ir alher bringen, ain pfund wachs daselb in dem almusen samlen, als pald er das zethim verlobt ist sein sach pesser worden und hie gewesen frisch und gesund Angesagt anno ɫ·ɫɫ ...

Veichten Egens haußfraw von Cramin hat ain tods khindt auf erden gebrachtda vater vnd mueter das gesehen, haben sy andechtigklich angerüefft Mariam die khunigin der himel, vnd das khindt alher verlobt, mit so schwer wachs abzuwegen, als das khind wigt, ist das khind nach dem gelub von stundan lebendig worden, Angesagt anno ɫiii

Sigmund weber von Sämbstorf, der hat in ime gehabt grossen wee vnd preissen, in solchem seinem schmertzen angerüefft mit Innigkeit nes hertzens Mariam die gebenedewt Mueter gottes sich hieher verlobt, ir wurdig vnd gnadenreich gotshaus darin sy sich an vnerzechen menschen parmhertzigklich erzaigt, haim zu suechen, nach dem glub sein etlich kroten sambt ainer schlangen, von Ime khumen hie gewesen vnd angesagt im ɫɫɫ Jar.

ein „aufgeschlagenes Mirakelbuch von monumentalen Ausmaßen", zugleich ein
Bilderbuch zur spätmittelalterlichen Volkskunde,

Öttng hat vorzeitn ponchüs gehäÿllen hat diſer zeit
den römern zů gehört, allo hat ain hertzog von
paim mit namē otto, von dem hailigñ ſand

55 Die Entstehung der Wallfahrt Altötting, Tafelbild im Umgang

56 Floßunglück auf der Isar vor München, Tafelbild im Umgang

57
Votivbilder aus dem
18. und 19. Jh.,
die wie ein Bild-
teppich die Wände
bedecken

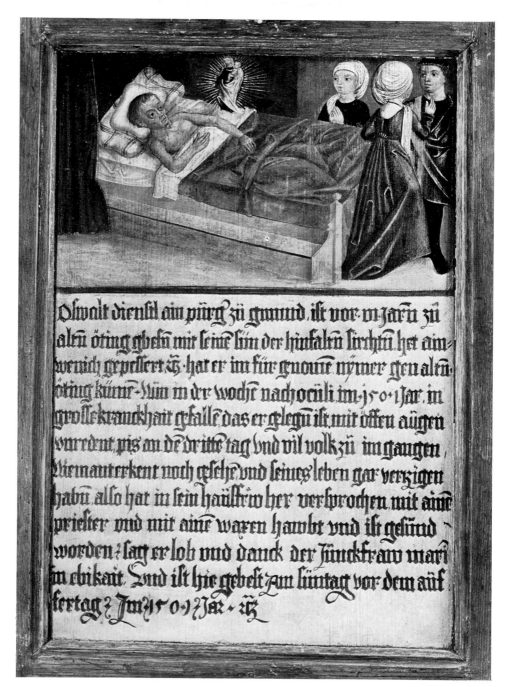

Oſwalt dienſtl ain pürg zü gmünd, iſt vor vi jarn zü
altn öting gbeſn mit ſeine ſün der hinfaltn ſirhtn het ain
wenich gepeſſert ⁊ hat er in für genome nymer gen altn
öting kume. Sün in der wochſe nach oculi im 15 o 1 jar in
groſſe kranckhait erfalle das er gelegn iſt mit offen augen
vnrednt pis an de dritte tag vnd vil volk zü im gangen
niemant erkent noch geſehe vnd ſeines leben gar verzigen
habn alſo hat in ſein haüsfraw her verſprochen mit aine
prieſter vnd mit aine waxen hawbt vnd iſt geſünd
worden ⁊ ſagt er lob vnd danck der junckfraw mari
in ebikeit. Vnd iſt hie gebeſt zm ſüntag vor dem auf
ertag ⁊ Im 15 o 1 Jar ⁊c

58 Die älteste Votivtafel von 1501 mit ausführlicher Krankheitsgeschichte

Ano · dm̄ 1517 · am mantag nach Remisere ist h anns
zung wirt purger zu pallaw mit ainem ganll gfalli ī
hat in hörtigklich geschlaft vn geslagen also hat er dī
mutter goz vo ottig angeruest ist er wieder gesund

59 Die zweitälteste Votivtafel von 1517 mit dramatischer Darstellung eines Reitunfalls

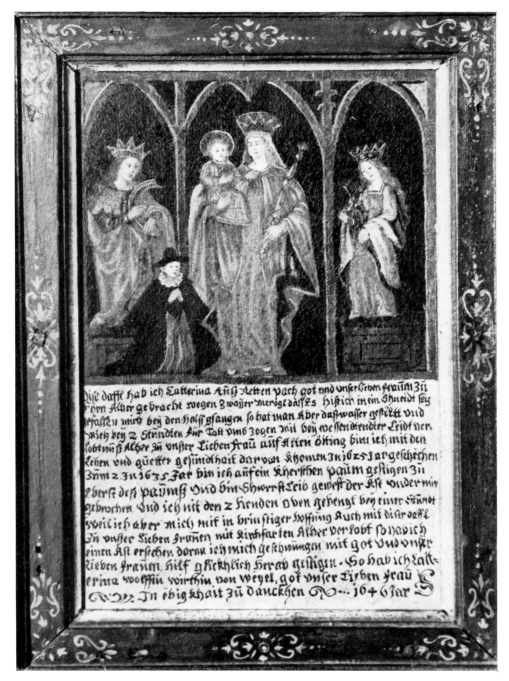

60 Frühbarocke Votivtafel von 1646 mit Wiedergabe des gotischen Gnadenaltares

61 Faltbild von J. Busch, 18. Jh.
Solche Bilder wurden versandt und
vom Empfänger als Andachtsbild
wie ein kleiner Hausaltar benutzt.

62 St. Severinsstatue in Passau mit
dem ältesten Altöttinger Pilgerzeichen von 1490

63 Barockes Devotionsbild, Stich von Schinnagl 1662. Die Wallfahrtsadministratoren
empfehlen den neugeborenen Thronfolger Max Emanuel (unten links) dem Schutze
der Mutter von Altötting und zugleich die Wallfahrt dem Schutze der Herrscherfamilie.

Vnser lieben Frauen wunderteÿ
ige bildtnüß Zü Altenoetting.

Vera Effigies Statuæ et Sacelli
B: V: Mariæ Œtingæ.

Andachtsbildchen des 17. und 18. Jh.:

64 Das Gnadenbild mit Blumensträußen

65 Der gotische Gnadenaltar vor 1645

66 Gnadenbild und Hl. Kapelle

67 Schleierbild: Auf das Papierbild ist ein Stück vom Karfreitagsschleier geklebt

68 Andachtsbild — 1770 — mit hl. Rupert und dem Kurfürsten; eine Wiedergabe der 1768
    geschaffenen Giebel über dem Kapelleneingang (vgl. Abb. 47)

69 Pilgerzeichen mit dem Bild der Altöttinger Muttergottes und der Gnadenkapelle im Wall-
fahrts- und Heimatmuseum

70
Wachsopfer aus der
Barockzeit:
Portraitfiguren von
Stiftern in zeitge-
nössischer Tracht

71 Wachsvotivgaben im Wallfahrts- und Heimatmuseum

72 Blick in die Schatzkammer mit dem schönen spätgotischen Schlingrippengewölbe, um 1500

Kostbarkeiten der Schatzkammer (Abb. 72 - Abb. 87)

73
Madonnenstatuette
von Hans Leinberger
um 1525

74
Elfenbeinkruzifix
vor 1600 mit Minia-
turen auf Lapislazuli

75
Reliquienostensorien,
Monstranzen und
Kelche der Barockzeit

Ölbergaltärchen
der Stadt Landshut
von 1622, Silber
auf schwarzem Holz

77/80
Reliefs mit Rosenkranzgeheim-
nissen, gestiftet von der Stadt
Landshut, Augsburger Arbeiten
1628-72

81 Silbertafel der Stadt Burghausen von 1705

82 Silbervotivgaben

83/84 Rosenkranzsammlung

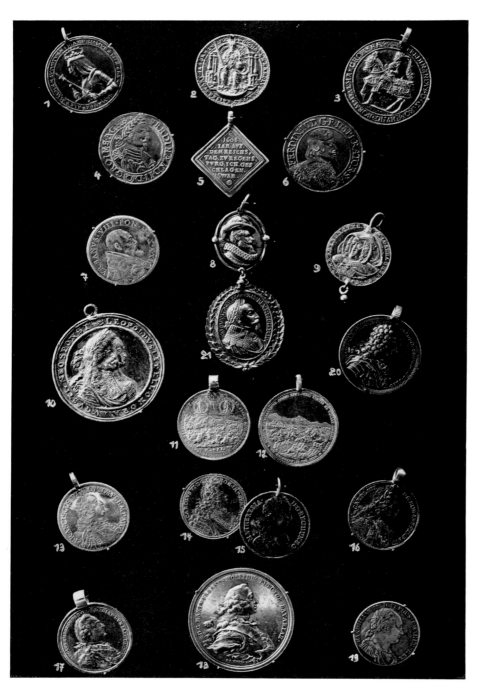

85
Gedenkmünzen mit
Portraits von Herr-
schern des 16. bis
18. Jh., unter
anderem: 1 Kaiser
Maximilian I.,
10 Kaiser Leopold I.
21 König Gustav
Adolf, 18 Kurfürst
Max III. Joseph

87 Ausschnitt aus dem „Goldenen Rößl" in der Schatzkammer: Karl VI. von Frankreich und sein
Marschall huldigen der Himmelskönigin

PFLEGE UND FÖRDERUNG DER WALLFAHRT DURCH MENSCHLICHEN DIENST

Die Wittelsbacher

Eine mächtige Wurzel für das lebenskräftige Wachstum der Altöttinger Wallfahrt war die sachlich zielbewußte, auch fromm gemeinte treue Förderung durch das Haus der Wittelsbacher. Sie hatten schon den Mutterboden beackert, wie bereits berichtet: die romanische Basilika und das Stift 1228 neu gebaut und die Gesamtanlage verstärkt durch die Gründung der Stadt Neuötting. Sofort nach Aufkommen der Wallfahrt selbst spüren wir ihre verständig lenkende Hand im weiteren Geschehen.

Ordnung der Wallfahrt

Zu nennen ist vor allem die autoritäre Regelung der Verhältnisse in Altötting. Schon 1517 erging die erste „Kapellordnung Unser Lieben Frauen zu altenotting". Im Laufe der Zeit folgten weitere sechs Ordnungen und Instruktionen nach. Darin ergehen Bestimmungen über saubere Verwaltung der Schätze und Paramente, der Naturalgaben und des Geldes, Besorgung der Gottesdienste, Rechte und Pflichten der Verwalter, Verkauf von Wallfahrtszeichen und Bücheln, Aufschreibung der Wunderzeichen.
Von Bedeutung war die Sorge um Vermehrung des den Wallfahrern dienenden Klerus. Kurfürst Maximilian I. vermehrte die Chorherrenstellen von sechs auf neun, Ferdinand Maria auf fünfzehn und zwei Kaplaneien. Wilhelm der Fromme berief 1591 die Jesuiten, wovon noch zu sprechen ist.
Wilhelm der Fromme errichtete mit päpstlicher Genehmigung 1581 in München eine Erzbruderschaft mit dem Titel „Maria zu Alten Ötting". Die Mitgliederzahl wuchs durch Einbeziehung auch anderer Städte und Märkte auf über 6 000 an; die Mitglieder sollten wenigstens alle vier Jahre eine Wallfahrt nach Altötting unternehmen, zu Fuß, versteht sich, und in großer Gemeinschaft. Daß diese unter dem persönlichen Schutz des Landesfürsten werbende und handelnde Wallfahrerbruderschaft Altöttings Stellung mächtig weitete, ist klar. Zugrunde liegt auch hier die Überzeugung des Wittelsbachers, daß Altötting zu treuem Festhalten an Thron und Altar helfe.
Für den Thron der Patrona Bavariae den nach damaliger Einsicht einzig würdigen Prunktempel schaffen, aber auch für die Seelsorge an der sich ständig mehrenden Pilgerschaft den weiten Raum bauen, das wollten Kurfürst Ferdinand Maria 1674 und Kurfürst Karl Albrecht VII. 1732. Enrico Zuccali, der aus Graubünden eingewanderte Baumeister des neuen Schlosses Schleißheim und Vollender der Theatinerkirche in München, fertigte die Pläne; Gelder wurden gestiftet, die Grundmauern in die Erde gesenkt; durch den Tod der

Fürsten und durch kriegerische Wirren im Lande gelähmt, blieb der Bau in der Erde stecken. Die Originalpläne für den Kapellüberbau und die Ausgestaltung des ganzen Kapellplatzes werden noch im Archiv aufbewahrt. — Man kann aber nur froh darüber sein, daß uns die uralte Heilige Kapelle in ihrer schlichten Gotik erhalten blieb.

Geschaffen wurde immerhin noch Wertvolles: Bauernhöfe verschwanden vom Kapellplatz, freilich auch die uralte Linde, die an fränkische Rechtsausübung erinnerte. Das imposante Haus der Kapelladministration wurde als Dechantei und Unterkunft für hohe Gäste nach den Plänen Zuccalis gebaut und der westlich anstoßende ähnliche Chorherrenstock (heute Dekanatshaus und zum Teil Gasthof); das Aussehen der alten Hoftaferne, des heutigen Hotels Post, wurde innen und außen baulich angeglichen. Leider wurde die Lücke zwischen Administration und Hotel nicht besetzt, so daß sich 1908 das neue Rathaus in das einheitlich gedachte Oval des Platzes hineindrängen konnte.

Persönliche Wallfahrtsfrömmigkeit der Fürsten

Das Patronat der Wittelsbacher wurde ganz besonders wirksam durch den öffentlichen frommen Einsatz der Allerhöchsten Personen selber. Die Geschichtsschreiber wissen zu berichten, daß der zuständige Landesfürst, Herzog *Georg der Reiche* von Landshut, schon 1491, also 2 Jahre nach Aufbruch der Wallfahrt, Altötting besuchte; gleichzeitig weilte Kaiser Friedrich III. hier. Im Jahr 1504, noch während des Landshuter Erbfolgestreites, kam auch Pfalzgraf Ruprecht nach Altötting. Herzog *Albrecht V.* mußte erst aus einem leichtsinnigen Leben aufgeschreckt werden durch den Verdacht einer Verschwörung — durch die fruchtversprechende Arbeit der Jesuiten in Ingolstadt — durch das drängende allgemeine Konzil von Trient — durch eigene Todesangst auf fürstlicher Yacht im vom Blitz und Donner und Wolkenbruch aufgewühlten Starnbergersee. Dann aber setzte er sich ein mit ganzer Persönlichkeit und Würde und Macht für die Beruhigung der religiösen Verhältnisse in seinem Lande. 1571 kam er mit seiner frommen Gemahlin Anna von Österreich. „Aus christlichen Eyfer" brachte er der Gottesmutter von Altötting die reichste Schenkung an kirchlichem Gerät und Ornat, die sie je empfangen hat. Er hatte sogar den Erzbischof von Salzburg zur Entgegennahme und Weihe der heiligen Gaben eingeladen. Es sollte ein weithin hörbares Bekenntnis zum katholischen Glauben sein. (Kein einziges Stück der „Albertinischen Schenkung" entging dem Rachen der Säkularisation.) — Mit Herzog Albrecht begann für die Wittelsbacher die fast verbindlich geltende Tradition der Familienwallfahrten nach Altötting bis ins 20. Jahrhundert hinein. Albrecht selber opferte sogar noch ein Goldschmiedewerk aus eigener Hand bei seinem letzten Besuch im Jahre 1579.

Herzog *Wilhelm V.*, der Fromme, pilgerte nach dem Bericht des hl. Petrus Canisius jedes Jahr mindestens einmal nach Altötting und leuchtete als herrliches Vorbild für die Mitglieder seiner „Altöttinger Erzbruderschaft".

Kurfürst *Maximilian I.*, der bedeutendste unter allen Wittelsbachern, personifizierte durch seine ganze Regierungszeit 1597—1651 das Programm des ernsten, christlichen Fürsten und wahren Verehrers Mariens. Ihr als Patrona Bavariae weihte er seine Residenz, Stadt und Land und Heer. Der Gottesmutter von Altötting verpflichtete er sich für immer mit Blut und Herz. Zu ihr kam er wallfahren schon im ersten Regierungsjahr und in Treuen immer wieder, oft beschwerlich zu Fuß in mehrtägiger Wanderung. Der Anliegen bedrückten ihn genug in seiner 54-jährigen Regierungszeit als verantwortlichen Hausvater, als Herrn des Landes Bayern und Führer der katholischen Liga im Dreißigjährigen Krieg. Fürstlich brachte er seine Gaben: den silbernen Schautabernakel für das Gnadenbild — eine goldene Krone für das Gnadenbild (sie wurde im Inventar von 1782 mit 12 000 Gulden Material-wert sogar höher geschätzt als das 10 000 Gulden schwere Goldene Rößl) — ein goldenes Krönlein für das Kind — Zepter für Madonna und Kind — kostbare liturgische Geräte und Behänge und Gewänder, silbergewebt und seidebestickt. Großherzige Wallfahrer und Spender waren auch die Gemahlinnen Maximilians, Renata Elisabeth von Lothringen und nach deren Tod die habsburgische Kaisertochter Maria Anna. Sie brachte als erstes ihr Brautkleid dar zur Verarbeitung in heilige Gewänder, sie stickte ‚Gnadenröckl' für das ver-ehrte Bild und verarbeitete Brautkränze mit diamantenen Zugaben in Gnadenbildkronen, stiftete Reliquienschreine, nach einem gefährlichen Brande das Schloß Schleißheim in Silber, ein Anhängekreuz und ein schwarzemailliertes goldenes Kreuz.

Natürlich kamen auch die Verwandten des großen Wittelsbachers zur Wallfahrt, dem hohen Beispiele folgend, aber auch aus eigener Frömmigkeit; so der Bruder Herzog Albrecht VI. mit seiner Gemahlin Mechtildis von Leuchtenberg, die sich alljährlich zu Fuß mit würdigen Gaben am heiligen Ort einfanden.

Der berühmteste Wallfahrer der maximilianischen Aera aber ist *Johannes Czerklaes Graf von Tilly*, der Generalfeldmarschall Maximilians in der katholischen Liga im 30jährigen Kriege. Nicht daß er allzuoft hätte wallfahren können; geschichtlich belegt ist nur eine dreimalige Anwesenheit in Altötting; um 1600, im Alter von 41 Jahren, führte er in kai-serlichen Diensten zwei Regimenter von Belgien nach Ungarn; der Weg führte über Alt-ötting. 1624 war er zur Beschwichtigung unzufriedener Regimenter von Hessen über Bayern nach Böhmen geholt worden. Da machte er als der bereits berühmteste Feldherr Deutschlands wieder Station in Altötting; stundenlang kniete er in der Heiligen Kapelle und opferte sein kostbarstes Kleinod, das ihm die Regentin der Niederlande für seine Ver-dienste verehrt hatte. Es war ein goldenes, mit über hundert Diamantsteinen besetztes Schmuckstück; der Wert war auf 9 000 Gulden geschätzt; leider wurde es 1637 im Auftrag des Kurfürsten Maximilian in die Kronen fürs Gnadenbild eingearbeitet. Ein drittes Mal kam Tilly nach Altötting im August 1630, während des folgenschweren Reichstages in Regensburg. Der Generalleutnant war nun 71 Jahre alt; noch war er der Sieger in fast vierzig Schlachten, der Herr der Lage, aber schon überzog sich der Himmel mit düsteren Wolken, und Tilly sah es klar genug. Gedrückt von der Last der Verantwortung zog er sich vier Tage lang zurück zu inbrünstigem Gebet im Heiligtum der Königin seines Her-zens. Er bestimmte 6 300 Gulden zu einem noch bestehenden ‚Tillybenefizium', wie der originale Stiftsbrief ausweist, unterzeichnet am 15. August 1630 von ‚Johann Graf von Tilly'.

Zum Herold für Altötting aber wurde Tilly durch die siegesgewohnte Kriegsfahne seines Heeres; sie trägt das Bild der Gottesmutter und ihrer Gnadenkapelle von Altötting. Erst 1632 ging sie verloren und landete museal in der Ritterholmkirche in Stockholm. Nach seinem Willen ruht wenigstens Tillys Herz im Inneren der geliebten Kapelle von Altötting; sein Leib wurde in eigener Gruft an der Stiftskirche beigesetzt. Was das Beispiel dieses Christen, Menschen, Heerführers für die Wallfahrt Altötting bedeutete, läßt sich kaum ermessen. Auch kraftvoll rauhe Männerwelt sah in ihm ihren Meister. Sogar Napoleon ließ den Bleisarg Tillys aufschneiden, um den Kopf dieses Gewaltigen zu sehen.

Anfügen könnte man, daß fast alle großen katholischen Namen des Dreißigjährigen Krieges unter den Pilgern Altöttings vertreten sind: mit seiner Familie Wilhelm Graf Slawata, nachdem er den Prager Fenstersturz überstanden, die Pappenheimer (auch Feldmarschall Gottfried von Pappenheim führte seine Truppen unter dem Banner mit dem Bild der Altöttinger Muttergottes in den Krieg), die Lobkowitz, Liebsteinsky, Kolowrat, der Karmelitengeneral Pater Dominikus a Jesu Maria, Graf Kratz von Scharfenstein, der kaiserliche Statthalter von Liechtenstein, Christian Wilhelm Markgraf von Brandenburg, ja auch die Witwe des Friedländers, Elisabeth Katharina, Fürstin in Friedland und Wallenstein.

In ruhigerer Zeit konnte Kurfürst *Ferdinand Maria* mit seiner savoyischen Gemahlin Henriette Adelheid die Wittelsbacher Wallfahrtstradition fortsetzen. Sie kamen fast alljährlich nach Altötting, die fromme Gemahlin gar noch öfter. Die fürstlichen Geschenke des hohen Paares: der goldbrokatene Brautrock zur Verarbeitung in Meßgewand und Gnadenröckl, kirchliche Gewänder, Leuchter, Wachs, goldener Schmuck, silberne Bambini für die Geburt ersehnter Prinzen, ein silbernes Modell des kurfürstlichen Prunkschiffes, das bei Seenot sie mehrmals in Todesgefahr gebracht, ein silbernes Modell der Münchner ,ganze residenz von silber wegen aldort entstandener prunsst'.

Kurfürst *Max Emanuel* war zeit seines Lebens mehr außerhalb Bayerns beschäftigt, als der siegreiche Heerführer im Türkenkrieg (1683—1688), als Statthalter der Niederlande mit Anwartschaft auf die spanische Krone für sein Haus (1692—1699), im daraus folgenden Spanischen Erbfolgekrieg als Besiegter und Verbannter (1701—15). Trotzdem trieben ihn Sorge und Dankbarkeit wenigstens an die zwanzigmal nach Altötting; er kam auf dem Ritt zum Kriegsschauplatz, in froher Heimkehr nach dem Sieg, er kam privat zu Fuß und hochzeremoniell. In besonderem Freudenfest strahlte Altötting, als 1715 die fünf aus der Verbannung in Graz heimkehrenden kurfürstlichen Prinzen der Schutzfrau Bayerns ihren Dank abstatteten. In seinen glücklichen Tagen konnte Max Emanuel auch wertvolle Gaben nach Altötting stiften, eine silberne Statue, halb mannshoch, die ihn selbst als betenden Ritter darstellte, seine prächtige Hochzeitsgewandung, die zu einem kirchlichen Ornat umgearbeitet wurde, vier goldene Leuchter, die in Emailschildern ungarische Kriegsgeschichten darstellten und die Allerhöchste Familie des Spenders. Nach langer Pause des Unheils, zum 60. Geburtstag 1722, weihte der Fürst noch seinen kostbaren Rosenkranz mit den Perlen aus Ambra in Gold gefaßt. — Ein Mensch der Widersprüche, Kriegsheld, ehrgeizig, freigebig und sinnenfroh, und doch fähig opfervollsten Einsatzes in persönlicher Leistung in Krieg und aufrichtig frommer Wallfahrt.

Karl Albrecht, der ebenso hochstrebende wie unglückliche Kaiser aus dem Hause Wittelsbach, kam bis zum Erbfolgekrieg gegen Österreich (1741) mit seiner Gemahlin jährlich nach Altötting. Von seinen Opfergaben ist noch vorhanden, weltberühmt, „der Silberprinz". Er ist eine echte Votivgabe zum Dank für die Gesundung des zehnjährigen Kurprinzen Maximilian Joseph nach seinem Leibesgewicht von 41 Pfund. Die beigefügte Opferschrift kündet: „ . . . Hier in diesem Hause, der Grundfeste der bayerischen Dynastie, will ich nach meines erlauchten Vaters Wunsch und Willen die Fundamente meiner ersten Jugend und meines ganzen Lebens legen, Fundamente, die fest und dauerhaft sein werden zum vollen und ewigen Glück. So gelobt aus seinem ganzen d. h. marianischen Herzen inbrünstig Dein Schützling Maximilian Joseph, Kurprinz von Bayern im 10. Jahr seines Alters am 15. August 1737. Mit eigener Hand." Der Silberprinz wurde sogar trotz des auf 1836 Gulden abgewogenen Materialwertes von der Säkularisation verschont; so kann er noch heute die Besucher der Gnadenkapelle edle Frömmigkeit lehren. — Erwähnt wurde schon, daß Karl Albrecht dem Plan der Überbauung der Gnadenkapelle wieder Nahrung gab, und zwar mit der ansehnlichen Spende von 14 000 Gulden. Ausdruck persönlichen Dankes und auch gütiger Menschenfreundlichkeit war die Stiftung einer kostbaren Ampel für die Heilige Kapelle nach schwerem Jagdunfall seines Geheimen Rates und Konferenzministers Max Emanuel Grafen von Preysing. Nach der Genesung des hoffnungslos Darniederliegenden schenkte der Fürst auch noch „ein immerprennents Liecht auf ewige Zeit" in die Lampe. Das Stiftungskapital von 530 Gulden galt als Staatsschuld und wurde bis zur Ablösung im Jahre 1974 mit 45,43 Mark verzinst. Der ‚Silberprinz' selber, erwachsen zum Kurfürsten *Maximilian III. Joseph* ‚dem Vielgeliebten', blieb Marienverehrer sein Leben lang; er kam alle Jahre zu frommer Wallfahrt.

Und so könnten wir fortfahren bis zum letzten Wittelsbacher Ludwig III. Man mag diese Beispiele im Charakterbild der einzelnen Fürstenpersönlichkeiten werten wie man will; jedenfalls mußten sie eine breite und tiefe Wirkung auf das bayerische Volk ausüben.

Direkt in hochpolitische Wirksamkeit wurde Altötting durch den *Fürstentag 1607* gehoben, obwohl es doch weitab von den Residenzen gelegen ist, als ein Gnadenort, von dem Erleuchtung und Segen für verantwortliche Entschlüsse erhofft werden konnten.

Das berichtet der Altöttinger Chronist Jacobus Irsing S. J.: „In jetzternanntem Jahr seynd zwaintzig fürstliche persohnen, so einander mit blut-freundschafft verwandt, auß sonderbarer, gegen der hochgelobten Jungfrau und Gottesgebährerin tragender andacht, gleichsamb als auf einem reichstag, von göttlich- und geistlichen sachen zu tractiren, zu Alten-Oetting zusammen kommen". Es ist aus Altöttinger Quellen nicht ersichtlich, wer zu solchem Familienreichstag sich versammelte und wozu. Aus den Umständen aber läßt sich feststellen: Kurfürst Maximilian als das Oberhaupt hatte die Blutsverwandtschaft zusammengerufen, um Rückhalt zu gewinnen und zu einigen in dem verhängnisvollen Jahr, da in Donauwörth die ersten Wetter leuchteten zum Religionskrieg. 1608 tat sich die protestantische Union zusammen, 1609 trat die katholische Liga offen auf. Es ist kein Zweifel, daß ihre Keimzelle in Altötting gelegt worden war. Warum die Herren und Damen sich in Altötting sammelten? Hier waren sie ungestört, hier fühlten sie sich zuhause, und hier, in ihrer besonderen Andacht gegen die hochgelobte Jungfrau, hofften sie Kraft und Segen für die so weittragenden Entscheidungen.

Mariendienst war für sie nicht bloß Herzensanliegen, sondern ins Leben wirkende Kraft. Daraus wird verständlich, daß Maximilian sein ganzes Land und Volk dieser Königin zu Füßen legen wollte als der Patrona Bavariae. 1616 setzte er diesen Titel unter die drei Meter hohe Statue des Hans Krumpper, die die Mitte seiner Residenz zieren sollte. 1638 kam die ebenfalls als Darstellung der Patrona Bavariae geltende Marienstatue des Münchener Domes auf die Säule am Marienplatz, von der als dem Mittelpunkt des Landes alle Straßenmessungen in ganz Bayern ausgingen.

Blutweihebriefe und Herzopfer

Den gefühlsmäßigen Höhepunkt der wittelsbachischen Frömmigkeit bilden die nach den Bräuchen der Zeit symbolisierten Opfer von Blut und Herz.

Im Jahr 1645, im Alter von 72 Jahren, stiftete Kurfürst Maximilian I. einen silberbeschlagenen Schautabernakel für das Gnadenbild in Altötting. In den Boden des tragenden Holzgehäuses arbeiteten als Vertraute und allein Mitwissende der Hofkistler und ein Kammerdiener eine verdeckte Schublade für ein kurfürstliches ,Handbriefl' unbekannten Inhalts. Erst nach dem Tod des Fürsten sprachen sich die Vertrauten aus; man fand das Geheimdokument: einen Zettel aus Papier, 80 mal 65 mm in Hochformat; der Text ist mit Blut geschrieben und lautet: „In mancipium tuum me tibi dedico consecroque Virgo Maria hoc teste cruore atque chyrographo, Maximilianus peccatorum corypheus". (Zu deinem Knechte übergebe und weihe ich mich dir, Jungfrau Maria, mit diesem Zeugnis des Blutes und der Handschrift, Maximilian, der Sünder Koryphäe.) Die Blutweihe erinnert uns an Teufelsverschreibungen à la Faust. In jener Zeit konnte eine zum Protest an Maria gerichtete Blutweihe nur ernst gemeint sein, vor allem bei diesem Fürsten. Jedenfalls ist diese Dokumentation einzigartig; sie mußte nach ihrer Kundwerdung Aufsehen erregen und Ansporn zur Nachahmung der Weihegesinnung. Auch direkte Nachfolger fand Maximilian; sein Sohn Ferdinand Maria verfügte eine ähnlich lautende Blutweihe unter das Muttergottesbild, und dessen Gattin Henriette Adelaide sogar zwei ebenfalls mit Blut geschriebene, lange italienische Weihebriefe. — Die Blutweihebriefe wurden 1960 — anläßlich des Eucharistischen Weltkongresses in München — in ihrem Befund nachgeprüft, vom Bayerischen Staatsarchiv restauriert und wieder pietätvoll in ihrer silbernen Kassette unter dem Gnadenbild beigesetzt.

Die Herzopfer der Wittelsbacher wurden bereits in der Gnadenkapelle vorgestellt. Im jetzigen Zusammenhang ist noch zu bedenken: Nicht Herzen irgendwelcher frommer Menschen, sondern die Herzen des Volkes, seiner Spitzenvertreter, der immer noch glaubhaft als von Gottes Gnaden regierenden Häupter, wurden zur Ehrenwache bei der Patrona Bavariae bestellt, meist auf eigenen testamentarischen Willen, aber darüber hinaus als Staatsrepräsentanten. Das ist nicht ein Staatsbegräbnis, sondern die Ehrenwache kurfürstlicher, königlicher Herzen vor ihrer Königin. Man täusche sich nicht, auch unsere demokratische Zeit hat dafür Gefühl und Verständnis; noch mehr freilich wußten die früheren Generationen, daß in Altötting die das Gesamtvolk vertretenden Herzen der Regenten das marianische Gnadenbild umgeben.

In Mancipium tuum me tibi
consacro Virgo Maria
hac teste cruore atq. chirographo

Ferdinandus Maria
peccatorum maximus

In mancipiú tuum
me tibi dedico consacroque
Virgo MARIA
hoc teste cruore atq. chyrographo

Maximilianus peccatorum
coryphęus

Blutweihebrief des Kurfürsten Ferdinand Maria   Blutweihebrief des Kurfürsten Maximilian I.

Kaiser, Adel, Kirchenfürsten

Leopold I. erhob Altötting zu kaiserlichem Glanz. Mit 18 Jahren war er eben einstimmig
zum deutschen Kaiser gewählt worden. Nach überstandenen Krönungsfeierlichkeiten in
Frankfurt rollte und ritt der prunkvolle Hofstaat nach München zu triumphalen, acht
Tage währenden Festlichkeiten beim Kurfürsten Ferdinand Maria. Der junge Kaiser aber
trug nichts inniger in seinem Herzen als den Wunsch, vor Übernahme der Regierung die
Gottesmutter von Altötting zu verehren. (So der zeitgenössische Italiener Stefano Pepe.)
Deshalb zog der allerhöchste Herr 1658 mit einem Gefolge von 1500 Personen in den
kleinen Wallfahrtsort ein. Es wurde ihm von Herzen grandioser Empfang bereitet. Um-
knistert von allen weltlichen und kirchlichen Schönheiten in großer Menge bis hinauf zu
Mitra und Stab ging der Kaiser in die heilige Kapelle. Unter Zurücklassung der barocken
Schau kniete er dann als Dienstmann und Beter allerdemütigst vor Unserer Lieben Frau,
um von seiner Himmelskönigin das neu angetretene Kaisertum zu Lehen zu nehmen und
sich und Land und Leute unter ihren Schutz zu befehlen. Nach Verrichtung seiner Andacht,
nach Sakramentenempfang, Meßbesuch, Niederlegung zweier diamant- und perlenge-
schmückter, emaillierter Goldkreuze, trat der Kaiser seine Heimreise an in sein von Tür-
kensorgen durchfiebertes Land. Klingt das nicht wie eine Dreikönigsgeschichte? Sie geschah
im 17. Jahrhundert. Sie zeigt, wie mächtig das Ansehen Altöttings war; sie läßt uns aber
auch ahnen, wie fruchtbar ein solcher Staatsbesuch aus nun einmal ganz echter Frömmigkeit auf Adel, Geistlichkeit und Bürgerschaft wirken mußte.
Für die Geschichte des Abendlandes noch bedeutsamer war der Altöttinger *Fürstentag von
1681.* Wieder war es Kaiser Leopold I., der, nun mit kleinem Gefolge (d. h. mit 450 Per-

sonen, darunter Kammerherren, Hofämtern, Geheimräten, 50 Hartschieren und dazu 290 Hofpferden) in den Kapellenplatz einzog. Partner der folgenden Geheimbesprechungen war der bayerische Kurfürst Max Emanuel. Er versprach seine Teilnahme am bedrohlichen Türkenkrieg und erhielt dafür des Kaisers Töchterlein zur Braut, verlockt, wie es heißt, nicht durch ihre Schönheit, aber durch die Aussicht auf die zu erbende spanische Königskrone.

Das Ganze war nur ein politischer Handel? Hinter frommen Vorhängen? Es war ein politischer Handel; aber beide Parteien waren erfüllt von hoher Verantwortung, und darum trugen sie ihre Verhandlungen im ‚Gnadenort‘ aus. Mehr Zeit als für die politischen Gespräche verbrachten sie in stillem Gebet vor dem Gnadenbild, und besonders der Kaiser verlieh seiner Bitte um himmlischen Schutz durch prächtige Opfergaben Nachdruck. Er hinterließ eine mannsgroße vergoldete Madonnenstatue mit Kind und mächtigem Strahlenkranz, 2 000 Taler wert. Altötting fungierte also nicht nur als praktisch gelegener Tagungsort, sondern wieder einmal als Herzkammer Bayerns.

Aber beinahe alle gekrönten Häupter praktizierten als Tradition und Pflicht, wenn auch manchmal nur zur Repräsentation, immer wieder eine Wallfahrt nach Altötting, Grafen, Fürsten, Könige, Kaiser. Sie kamen fromm privat zu Fuß, zu Pferd und Wagen und per Eisenbahn; sie kamen auch hochoffiziell mit kleinem und pompösem Gefolge. Überflüssig wäre es, eine Liste der pilgernden Bischöfe und Kardinäle zu vermelden.

Doch auch das Oberhaupt der Christenheit hat Altötting schon mit einem Besuch beehrt. Aus tiefer Sorge für das Schicksal der katholischen Christenheit in Bayern und Österreich unternahm *Papst Pius VI.* im Jahr 1782 eine Reise von Rom nach Wien zu Kaiser Josef II. Auf der Rückkehr machte er mit seinem Gefolge am 25./26. April Station in Altötting. Nach dem frostigen Klima in Wien erfreuten ihn abends 17 Uhr fürstlicher Empfang und fromme Begeisterung des Volkes. Das Programm war leider kurz: Andacht in der Gnadenkapelle, in der Stiftskirche, Audienzen, Einzug in die Stiftspropstei; hier zeigte sich der Heilige Vater eine halbe Stunde lang am Fenster und erteilte dreimal den päpstlichen Segen. Am nächsten Tag wohnte er in der Kapelle einer heiligen Messe bei und verehrte das Gnadenbild mit seinem Kuß. Dann erfolgte die Weiterreise nach München.

8 Bronzegrabplatte des Propstes Kardinal Wartenberg,
   1661, an der Südwand der Stiftskirche

89 Späterer Kupfersarkophag des Feldmarschalls Tilly
    in der Tillykapelle

90 Modell für ein geplantes Reiterdenkmal Tillys, 1926 von Sebastian Osterrieder

91 Fahne des Feldmarschalls Tilly, von den Schweden im 30jährigen Krieg erbeutet, heute in der Ritterholmkirche zu Stockholm

92 Kaiser Karl Albrecht VII., unter dem Helm links ist
der Plan Enrico Zuccallis zur Erweiterung der Gnadenkapelle sichtbar. Die Kaiserkrone darüber ist
spätere Zutat. Ölgemälde in der Kapelladministration

93   Kurfürst Max Emanuel. Die Schlachtszene im Hintergrund erinnert an die Verteidigung des Glaubens
durch den Kurfürsten im Türkenkrieg. Ölgemälde
in der Kapelladministration

Die bayerischen Stände huldigen der Altöttinger Muttergottes, Gemälde von 1774 im Historischen Stadtmuseum von Burghausen

5 Die Magdalenenkirche von 1697 und der ehem. Kongregationssaal der Jesuiten am Kapellplatz

96 Inneres der Magdalenenkirche mit originellem Stuck um 1700 ▷

97   Ehem. Franziskanerkirche St. Konrad und Basilika St. Anna

98   Inneres der Basilika St. Anna, 1910-12 von Johann Schott   ▷

100 Bruder-Konrad-Brunnen

◁ 99 Inneres der Bruder-Konrad-Kirche mit Silberfigur des Heiligen unter dem Altar

101 Die Klosterpforte, Arbeitsstätte des Hl. Bruder Konrad

102 Prozession mit der Hauptreliquie des Hl. Bruder Konrad ▷

103 Der neue Kreuzweg mit den Stationen von Rudo Göschl

104 Sakramentsbrunnen von Rudo Göschl

105 Der „Tod von Eding", barocke Uhr in der Stiftskirche

106 Der Salzburger Marienbrunnen am Kapellplatz

Die Chorherren

Erstbeauftragt zur Pflege der Wallfahrt ist natürlich die Priesterschaft in Altötting. Den Mutterboden konnte bereits das bedeutende Chorherrenstift zur Verfügung stellen. Es war ein kleines und armes Stift. Das Vermögen der Kapelle stand ja gesondert unter staatlicher Aufsicht. Der Löwenanteil des Stiftsvermögens selber ging an die Propstei, die leider vielfach zur Versorgung nachgeborener adeliger Herren vergeben wurde. Weltbewegende Leistungen der einfachen Chorherren, die immerhin das Recht hatten, sich zu kleiden wie das Domkapitel von Salzburg, sind nicht bekannt geworden; sie waren vollauf beschäftigt mit den geistlichen Diensten an den Pilgerscharen. Erwähnung unter den etwa 400 frommen Stiftsherren verdient jedoch der Chorherr und Custos der Heiligen Kapelle Jacobus Issickemer, der in Frömmigkeit und geschichtlicher Treue 1494 ‚Das buchlein der zuflucht zu Maria der muter gottes in alten Oding‘ mit 77 Mirakelberichten herausgab.

Unter den Dechanten des Stiftes, zugleich Kapellenverwaltern, waren fast nur doctores, fürstliche und bischöfliche Räte, Domherren. Zum Wachstum der Wallfahrt trugen besonders wieder bei die Geschichtsschreiber: Dr. Albrecht Klöpfer, Dr. Balthasar Schrenck von Notzing, Dr. Johannes Scheitenberger, Dr. Gabriel Küpferle.

Als um die Wallfahrt hochverdiente Pröpste sollen nur zwei hervorgehoben werden: Dr. Martin Eisengrein, ein eifriger, aber erleuchteter Konvertit, Vizekanzler der Universität Ingolstadt, herzoglicher Gesandter in Wien und Rom, Dompropst in Passau, Stiftspropst in Altötting 1567—1578. Um weiterhin Bayern dienen zu können, schlug er sogar die angebotenen Bischofsmitren von Laibach, Gurk und Lavant aus. In Altötting sorgte er für katholisches Bekenntnis und eifrige seelsorgliche Tätigkeit und auch für den guten Lebenswandel der Kanoniker. Zur Verteidigung der Wallfahrt und der Marienverehrung im allgemeinen verfaßte er in der kräftigen Sprache der Zeit das Werk: ‚Unser liebe Fraw zu Alten Oetting: Das ist Von der Uralten heyligen Capellen unser lieben Frawen unnd dem Fürstlichen Stifft S. Philip unnd Jacob zu Alten Oetting‘. Es ist eine Geschichte des Wallfahrtsortes — und zugleich eine mit heißem Herzen geschriebene Apologetik und Predigt. Sie enthält auch eine Auswahl von 42 Mirakelberichten. Eine grobe Schmähschrift aus Straßburg gegen die ‚unflätige Rotznas zu Ingolstatt‘ konnte Altötting nur noch mehr ins Gespräch bringen. Seine Verdienste um Kirche und Staat erwirkten dem Propst Eisengrein und seinen Nachfolgern sogar das Recht auf Mitra, Ring und Stab und damit der Wallfahrt neuen Glanz.

Der hochwürdigste aller Pröpste Altöttings aber war Franz Wilhelm Graf von Wartenberg (1604—1661). Als eines der sechzehn Kinder des Herzogs Ferdinand in Bayern und seiner bürgerlichen Gemahlin erbte er nur den Grafentitel und sehr wenig Reichtum aus dem Hause Wittelsbach. Aber seine hohen Gaben des Geistes und des Herzens führten ihn auf steile Bahn. Mit elf Jahren schon bezog er die Einkünfte der Propstei Altötting, um das Studium bei den Jesuiten in Ingolstadt und am Germanikum in Rom standesgemäß finanzieren zu können. Bald wurde er dazu Propst in München, Regensburg, Bonn, Domherr in Freising. 1628 stieg er auf zum Bischof von Osnabrück, das freilich von kriegerischen Wirren umbrandet war; für einige Jahre nur regierte Franz Wilhelm auch als Bischof von Verden und von Minden, bis sie an Brandenburg und Schweden verlorengingen. Zum Ersatz erhielt er 1649 das ruhigere Bistum Regensburg, 1660 gar die Kardinalswürde. Bedeutsamer für Altötting war vielleicht noch seine Stellung als Präsident des ‚Geistlichen Rates‘, der wie ein Kultusministerium den bayerischen Fürsten in kirchlichen Angelegenheiten unterstützte.

Der ihm anvertrauten Wallfahrt Altötting schenkte der Vetter des großen Kurfürsten Maximilian ein von Herzen kommendes Verständnis und eine weitschauende Tatkraft. Schon zwei Jahre nach seiner Rückkehr aus Rom weitete er durch Verlegung einiger hölzerner Anwesen den Kapellenplatz für die anwachsenden Prozessionen und Gottesdienste der Wallfahrer aus. Dann ließ er hier an der Ostseite den später ‚Alter Chorherrenstock‘ genannten Bau mit drei Giebeln aufführen. Die Stiftskirche wurde, wir würden sagen, modernisiert zur späten Renaissance. Die Beseitigung mehrerer Altäre und des Lettners und die Verlegung der Orgel schafften mehr Raum für eine feierliche Liturgie und die Betreuung der Wallfahrer. Die Stiftsgeistlichkeit selbst, durch Verarmung auf vier Mann zusammengeschmolzen, konnte auf sechzehn Kanoniker und Propst und Dechant und acht andere priesterliche Mitarbeiter vermehrt werden. Dazu berief Wartenberg auch noch Franziskaner für die Seelsorge, neben den Chorherren und Jesuiten. Seiner Stiftskirche schenkte Wartenberg 1626 einen außerordentlich reichen und vielverehrten Reliquienschatz. Er wurde besonders an den Pfingstmontagen nach frommer Prozession und Predigt mit Pracht und Musika den Tausenden von Wallfahrern vorgezeigt.

Auch die persönliche Frömmigkeit des allerorten und allzeit beschäftigten Kirchenfürsten und Diplomaten darf nicht übersehen werden. Sie erst gab den äußeren Maßnahmen zur Förderung der Wallfahrt Glaubwürdigkeit und Wirksamkeit. „Oefters besuchten dieselbe (hochfürstliche Eminenz), auch wol zu Zeiten zu Fuß, das allhiesige Orth, zum thail auß Andacht und Devotion, thails damit Sie als Propst zusehen kundten“, lobt Küpferle in seiner Historia. 1659 kam der Bischof „wegen einer außgestandener unnd durch Mariä Fürbitt allhie wiederumben gnädigst abgewandter Kranckheit, ex Voto, und aus einem Gelübd von Ossnabrugg auß Westphalen wallfahrtend wider allhero“. Zum Dank las er auch sieben Tage hintereinander die hl. Messe in der Gnadenkapelle. Bei seiner Anwesenheit im darauffolgenden Jahr traf Wartenberg im Rahmen der Festlichkeiten zu Ehren der Ernennung zum Kardinal Anordnungen für die frommen Übungen der von ihm eingeführten ‚Erzbruderschaft U. L. Frau von Alten-Oeting‘. Nach dem Testament Wartenbergs wurde sein Herz beigesetzt unter dem Torbogen zwischen der inneren und äußeren Gnadenkapelle, so daß jedes Pilgers Fuß darüber schreitet. Der Leichnam selbst wurde in eine Gruft vor dem Choralter der Stiftskirche gelegt; dort konnte er 1960 identifiziert werden. Sonderbar mutet der nun in eine Seitenwand gesenkte Grabstein Wartenbergs an; ein 2 m hohes Totengeripppe aus flachem Bronzerelief, verkleidet mit Mitren und Stab und Kardinalshut und elfteiligem Wappenschild bittet mit ausgebreiteter Schriftrolle: Orate pro Francisco Guilielmo Peccatore (Betet für Franz Wilhelm, den Sünder). Zu fortdauerndem frommen Gedächtnis hatte der Bischof noch eine wöchentliche Messe und je eine für die acht großen Frauentage gestiftet. — Das Verdienst Wartenbergs war es, daß die Wallfahrt über die doch reichlich unsicheren Zeiten des Dreißigjährigen Krieges erhalten und auch noch gegen die Veräußerlichung der aufblühenden Barockkultur gefestigt werden konnte.

Man darf annehmen, die Altötting-Pilger sehen es gerne, daß seit 1929 wieder feierliche Chorherren mit einem Propst die großen Gottesdienste verschönern. 1925 wurde sogar das einst dem Propst Eisengrein verliehene Privileg auf Mitra und Ring erneuert. Leider dauerte dieser Glanz nur bis zum zweiten Vatikanischen Konzil. Von nicht minderer Fruchtbarkeit war sicherlich die 1924 erreichte Ablösung des staatlichen Verwalters durch einen hauptamtlichen geistlichen Administrator für die äußere und innere Betreuung der Wallfahrt.

Die Orden

Jesuiten

Die Hauptlast der Wallfahrtsseelsorge tragen und trugen auch in Altötting die Orden; sie allein haben den nötigen Personalstand, den sie auf Dauer für Sonderaufgaben freistellen können. Altötting jedenfalls verdankt den Orden, wenn auch nicht sein Erwachen, so doch, daß es durch die Jahrhunderte kräftig am Leben blieb. Sie zersetzten nicht die freundliche Wolke der Mystik, die über jedem Gnadenort leuchtet, packten aber auch männlich zu auf dem Feld der Arbeit, das Millionen von Pilgern nun einmal zu beackern geben. Sie beschnitten den Wildwuchs der nach Wundern und Zeichen suchenden Frömmigkeit und bannten den über die Ufer drängenden Strom der auf Hilfe Vertrauenden in die geordneten Bahnen würdigen, christlichen religiösen Glaubens und Tuns.

Die Wirren der Reformation hatten auch Altöttings Wallfahrtsleben mächtig abgekühlt. Die gesamten Einnahmen aus den verschiedenen Opfern betrugen im Jahr 1560 nur mehr 79 Gulden, gegen 13 656 Gulden von 1492. Dabei war auch die Kaufkraft des Geldes inzwischen auf etwa ein Drittel bis ein Viertel gesunken. Die Wallfahrt schien fast erloschen. Ein Altöttinger Kaplan konnte es wagen, gegen die Wallfahrt zu predigen; im benachbarten Mörmoosen wurden Pilger mißhandelt, die Bürger von Neuötting und die gräfliche Herrschaft von Tüßling hielten sich bereits neugläubige Prediger.

Doch Maria wachte über ihrem Heiligtum. Die Triebkraft zu neuer Blüte bildete ein außergewöhnliches religiöses Ereignis, das Altötting wieder in aller Mund brachte.

Im Januar 1570 kam der heilige Petrus Canisius, der erste deutsche Jesuit, nach Altötting. Er war damals Provinzial in Augsburg. Graf Markus Fugger mit Gemahlin Sybilla von Kirchberg und Weißenhorn hatten ihn um Hilfe für ihr Kammerfräulein Anna von Bernhausen gebeten. Sie galt als von einem Teufel besessen, der nur in Altötting sollte ausgetrieben werden können. Nach langen Gebeten und Beschwörungen durch drei Tage hin konnte endlich die Wahnbesessene geheilt werden, ja der Teufel mußte durch den Mund des Fräuleins Maria anerkennen und lobpreisen. Propst Eisengrein hat bereits ein Jahr danach das Ereignis in seiner Historia ausführlich beschrieben und, weil er selbst wegen Krankheit nicht hatte beiwohnen können, sechzehn Augen- und Ohrenzeugen dafür benannt. Die Erinnerung an die Teufelsbeschwörung durch Canisius wird heute noch wachgehalten durch eine von Leinberger geschaffene Madonnenstatuette, die Canisius bei seinen

Segnungen benützte; sie wird in der Schatzkammer aufbewahrt. Auch stifteten die Fugger zum Dank einen ebenfalls noch vorhandenen silbernen, vergoldeten Meßkelch. Viel bedeutsamer aber war das nun allenthalben anhebende Streitgespräch für und gegen Teufelsaustreibungen und Wunder. Es führte zu weitester Verbreitung des Rufes von Altötting und zu neubegründetem Vertrauen auf die Wundermacht der Muttergottes. So war der Boden bereitet für neues Leben.

Herzog Wilhelm der Fromme hatte bereits die segensvolle Tätigkeit des jungen Jesuitenordens in Ingolstadt und München erlebt. Wer brachte ihn auf die Ideenverbindung Jesuiten-Altötting? Etwa Canisius? Beide zusammen mußten ein mächtiges Bollwerk gegen den Verfall des Glaubens im Lande ergeben.

Der Herzog selber verhandelte 1591 mit dem Ordensprovinzial und erhielt mit Mühe vorläufig zwei Patres. 1592 befahl er seinem ,Geistlichen Rat', für eine größere Niederlassung der Jesuiten in Altötting ein Haus und Einkommen aus dem Kapellvermögen zu organisieren. 1596 konnten sechs Jesuiten das neue, einfache Klostergebäude beziehen und die ebenfalls kleine und schlichte St. Magdalenenkirche. Von ihr zeugen nur mehr die alten Kupferstiche vom Kapellplatz, wie sie Merian und Sadeler gezeichnet haben. 1638 wurde die Niederlassung erweitert durch Angliederung eines Tertiates der Jesuiten. Hier oblagen junge Patres nach überstandenen Studien, Noviziat und Priesterweihe ein drittes Jahr weiterer Ausbildung, durften aber auch schon in der Seelsorge mitarbeiten. Damit stand eine Compagnie von 20—24 Patres für die Wallfahrtsseelsorge zur Verfügung. 1696 bauten die Jesuiten für die Versammlungen ihrer marianischen Vereine einen großen Kongregationssaal neben das Kloster. Innerlich umgestaltet, auch des stukkierten Fassadenschmukkes beraubt, ist er heute nur mehr ein etwas kühler Zweckbau. Auch die alte Magdalenenkirche war viel zu klein geplant worden. So baute der Jesuitenbruder Thomas Troyer, ein gelernter Schreiner mit dem Wissen und Können eines Architekten, die neue St. Magdalenenkirche. Imposant das Äußere mit gefälliger festgefügter Barockfassade. Der Turm oder besser die außergewöhnliche Kuppel, fast zweimal so breit als lang im Grundriß, scheint mühelos aus dem Dach zu wachsen. Das Innere ist ein froher, heller Prunksaal mit schwerem italienischem Stuck. Er hat einen Einschlag ins Originelle, Bürgerliche, und wirkt nicht so schematisch gekonnt wie oft andere Jesuitenzier. Nach kaum dreijähriger Bauzeit konnte die barocke Pracht im Oktober 1700 eingeweiht werden. Leider mußte der nur gut 50 Jahre alte Rokokoaltar 1795 einem kühl aufragenden klassizistischen Marmoraufbau mit streng nüchterner Kreuzigungsgruppe in Öl weichen. Zu ihrem Unterhalt bezogen die Jesuiten vom Kapellvermögen und vom kurfürstlichen Rentamt Burghausen eine mit dem Personalstand steigende Summe. Von Burghausen durften sie auch einiges an Schmalz, Weizen, Holz holen, von der Kapelle Wachs und Wein. Um das Jahr 1600 konnten sie eine Apotheke eröffnen, seit 1647 sogar für sich und die Wallfahrer Bier brauen.

Das kurfürstliche Wohlwollen war ehrlich verdient. Die Jesuiten führten die Wallfahrt durch unglaublichen Einsatz zur höchsten Blüte.

Die Überschrift über die Tätigkeit der Jesuiten heißt erfreulicherweise beileibe nicht Wallfahrtspropaganda, sondern: Unmittelbare Seelsorgetätigkeit. Sie gaben Religionsunterricht, sie predigten, nahmen Beichten entgegen, spendeten das Altarsakrament, missionierten in der näheren und weiteren Umgebung, auch im Österreichischen. Und das alles mit echtem religiösem Feuer, so daß viele Sünder sich bekehrten und viele Irrgläubige zum Nachdenken und zum katholischen Glauben zurückfanden. Die Zahl der Beichten stieg von 800 im Jahr 1592 auf 110 000 im Jahr 1700, der Empfang des Altarssakramentes (bei den Jesuiten allein) von 400 im Jahr 1592 auf 100 000 im Jahr 1700. Mittel zur Erfassung der Pilger und auch der Ortsbewohner waren besonders die Marianische Kongregation, eine Isidoribruderschaft für Landleute, eine Sebastianibruderschaft (in Neuötting), eine Josephibruderschaft vom guten Tod. Diese zählte im Jahr 1684 bereits 11 000 Mitglieder. Dazu kam eine aufopfernde Betreuung der Armen, Kranken, auch der Pestkranken. Religionswissenschaftler und Volkskundler möchten vielleicht bedauern, daß auf diese Weise der ‚Ruf von Altötting‘, das Vertrauen der Gläubigen, sublimiert und umgeleitet wurde auf Religionsausübung, die so doch auch anderwärts möglich gewesen wäre. Doch Dank sei den Jesuiten gesagt. Sie wußten um das Wesentliche, Dauernde, das auch heutiger Kritik noch standhält. Die Mittel zum Zweck, die Wallfahrtspropaganda, hat die Societas Jesu klugerweise eingebaut und auch gepflegt.

1623 schrieb P. Johannes Saller seine lateinische Geschichte Oetinga eruderata, ‚Das ausgegrabene Oeting‘, mit Betonung eben der Vorzeit. Für diese entwickelt er viel Phantasie, beschreibt aber auch ca. 110 Mirakel zwischen 1489 und 1618, für die er zum Teil gut selbst als Zeuge einstehen konnte. (Leider ist das Werk bislang nur in einem Manuskript vorhanden.) P. Jacobus Irsing verfaßte seine Historia D. Virginis Oetingensis, Pars I., die vom Dechant Johann Scheitenberger ins Deutsche gebracht wurde. Den II. Teil hat umgekehrt der Dechant Gabriel Küpferle deutsch geschrieben, und P. Irsing hat ihn ins Latein umgesetzt. P. Georg Schilcher führte in 4 Bänden, gedruckt 1720, die Wunderbeschreibungen, offensichtlich Auszüge aus den Protokollen der Kapelle, von 1661 bis 1719 fort.

Man kann sich gar nicht vorstellen, welcher Schlag die Wallfahrt traf, als am 6. Oktober 1773 der kurfürstliche Propsteiverwalter der versammelten Jesuitengemeinde unter den Fittichen einiger Schutzleute das Aufhebungsdekret verlas. Ihr Besitztum kam an den Staat, ihr Leben durften sie in einem einfachen Weltpriesterhaus weiterfristen, ja sogar Tätigkeit im Beichtstuhl wurde ihnen erlaubt. Die Magdalenenkirche und ihre Kapitalien übernahm 1781 der Malteser-Orden, den man fast als eine Versorgungsanstalt für Adelige ansprechen kann. Er sollte vierzehn irgendwoher gezogene Weltpriester für die Wallfahrtsseelsorge halten, was er sehr sparsam erfüllte. 1808 ging auch der Malteserorden unter. Es blieben außer den Kanonikern des Stiftes nur mehr die Franziskaner am Ort — vorläufig.

Franziskaner

Sehr aufschlußreich liest sich die Geschichte der Berufung der Franziskaner. Die Anregung kam vom Provinzial, die Förderung erfolgte durch Propst Wartenberg, die Erlaubnis gab der Erzbischof von Salzburg. Nun mußten alle an- und umliegenden Klöster und Gemeinden und Pfarreien befragt werden, die Jesuiten besonders und die Kanoniker. Alle fürchteten, ein bißchen zu verhungern und Ruhe und Einfluß zu verlieren. Das letzte Gutachten gab die Verwaltung der Heiligen Kapelle. Diese allein befürwortete dringend die Heranziehung neuer Seelsorgshelfer für die stetig wachsenden Scharen der Wallfahrer. So entschied Propst Wartenberg mit Herz und Macht für die Franziskaner. Er war ja auch persönlich bis ins Innerste ihr Verehrer und Freund. In seinem Testament von 1642, das 1661 auch ausgeführt wurde, bestimmte er: „Die Leiche soll mit dem einfachen Franziskanerhabit ... bekleidet werden, damit ich denselben wenigstens nach dem Tode erlange, nachdem ich seiner im Leben nicht teilhaftig werden konnte, wie ich es gewünscht hätte." 1653 schloß Wartenberg die Debatte und gab den Franziskanern die Erlaubnis, in Altötting ein Kloster zu bauen. Die Urkunde betont, daß er die Franziskaner in seinen ganz besonderen Schutz nehme, und verbot Klerikern und Laien streng, sie irgendwie zu belästigen. 1654 legte der Propst selber den Grundstein für das neue Kloster. Der Großteil der Rechnungen ging natürlich wieder an die Gnadenkapelle. Eine besondere Wohltäterin war neben dem Propst selber die Kurfürstin-Witwe Maria Anna; ihr zu Ehren erhielt die Klosterkirche die heilige Anna zur Patronin. 1657 konnte die neue Kirche eingeweiht werden. In ihrer baulichen Gestalt ist sie eine arme Franziskanerkirche mit bescheidenem Dachreiter für die Glöcklein. 1754 ergab sich durch Zusammenziehung des bisherigen Ordenschores mit der Volkskirche ein überlanger Raum. Ihn befriedigend zu zentralisieren, ist auch einer Renovation von 1957 nicht gelungen.

Die segensvolle Tätigkeit der Franziskaner bestätigte die Notwendigkeit ihrer Berufung. 1659 nahmen 21 000, 1686 an die 70—80 000, im 18. Jahrhundert jährlich an die 100 000 Beichtkinder ihre Dienste in Anspruch. Bis zwanzig, ja dreißig Patres stieg die franziskanische Familie an. Ab 1666 hatten sie die gnädigste Erlaubnis, an den Sonntagen in ihrer Kirche öffentlich zu predigen. In Neuötting wurden sie bei dem Mangel an örtlichen Seelsorgern von Anfang an als Prediger eingesetzt. Besondere Verdienste erwarben sich die Brüder des heiligen Franz in der Krankenpflege während der damals allerorten umgehenden Seuchen. Die Breitenentwicklung der Wallfahrt Altötting ist also auch ohne die Franziskaner nicht denkbar.

Traurig wie der Abgang der Jesuiten war auch das Ende der Franziskaner in Altötting. Ausgerechnet bei ihnen sollte ein geheimer Schatz von 20 000 Gulden versteckt gewesen sein! Enttäuscht und blamiert mußte 1802 der Aufhebungskommissär abziehen. Von dem Personalstand mit achtzehn Patres und sechs Brüdern wurden sechs Mann anderweitig versorgt, die übrigen in das Kloster Tölz zum Aussterben verfrachtet.

Das verwaiste Franziskanerkloster wurde mißbraucht zum Konzentrations- und Aussterbekloster für die Kapuziner von Landshut, Moosburg, Straubing, Deggendorf, Neufahrn. 150 Patres wurden zusammengepfercht. So mußte auch das ehemalige Wallfahrtspriesterhaus (das jetzige Gasthaus Altöttinger Hof) dazu requiriert werden. Überanstrengung, Armut, Quälereien rieben die meist älteren und kränklichen Patres auf. Der Tod erfüllte seinen Auftrag; 1826 lebten nur mehr acht arbeitsunfähige Priestergreise. Außer dem Absterben durften die Patres nur noch eines ausgiebig, Beichten hören, 120—130 000 im Jahr. Es war sonst fast niemand mehr für die Wallfahrtsseelsorge verpflichtet.

Ein Zwischenspiel braucht nur kurz angeleuchtet werden. Die von den Malteser-Johannitern und 1808 nach ihrem Abgang vom Staat zu haltenden Wallfahrtspriester waren fast verschwunden; 1819 zählte man nur mehr fünf. Gedrängt, besonders auch von der weltlichen Gemeinde Altötting, rief darum König Ludwig I. zum 1. Mai 1827 ein neues Wall-fahrtspriesterinstitut für acht bis zehn brauchbare Individuen ins Leben. Sie bezogen je zwei Stübchen in dem von den Kapuzinern geräumten Priesterhaus, Gemeinschaftsver-pflegung und monatlich 20 Gulden. Mit diesem schlechten Notbehelf hungerte man sich durch bis 1841.

Redemptoristen

Das Wirken der Redemptoristen in Altötting 1841—1873 war leider auch nur ein kurzes Zwischenspiel in der Wallfahrtsseelsorge. Auf mehrmaliges Drängen des heiligen Klemens Maria Hofbauer, des Bischofs Johann Michael Sailer von Regensburg, des Bischofs Heinrich v. Hofstätter von Passau und des Ministers Abel gestattete Ludwig I. ihre Niederlassung in Altötting. Es wurden ihnen Kirche und Kloster St. Magdalena zugewiesen und das ent-völkerte Priesterhaus. Müßig, das Ansteigen der Pilgerbetreuung wieder anzuführen. Weil-ten 1827 nur 27 Wallfahrtszüge am Gnadenort, so kamen 1866 schon über 200. Jegliche Arten von Seelsorge blühten wieder wie in der alten Zeit der Jesuiten: Predigten, Kate-chesen, Bruderschaften, Exerzitien, Volksmissionen. Von Tragik beschattet aber war der äußere Bestand des seeleneifrigen Ordens. Schon 1848 donnerte ein erstes Aufhebungs-dekret über das Haus. 1872 obsiegte endlich der Kulturkampfgeist. Nach den im deutschen Reichstag zu Berlin ergangenen ,Jesuitengesetzen' mußten auch alle den Jesuiten ,verwand-ten' Orden Deutschland verlassen. Die Exekution in Altötting erfolgte am 25. Juli 1873.

Kapuziner

Zurück zum 9. Mai 1826. Mit königlichem Schreiben ließ Ludwig I. die Kapuziner wieder zu neuem, jungem Leben und Wirken gelangen. Das gleichzeitig geplante Wallfahrtsprie-ster-Institut der Weltgeistlichen erschien also von vorneherein ungenügend. Die Kapuziner sollten sich vermehren bis zu zwanzig Patres, abgewanderte Mitbrüder aus Bayern und Tirol sollten wieder zurückkommen, Novizen gewonnen und ausgebildet werden. Aus dem am meisten malträtierten Kapuzinerkloster Bayerns blühte nun der Orden wieder auf. 1874, nach Vertreibung der Redemptoristen, übernahmen die Kapuziner auch Kloster und Kirche von St. Magdalena. Sie taten es nicht gerne, weil sie wieder etwa zehn Patres mehr einsetzen mußten. Aber nun hatten sie die ,Wallfahrtskustodie' inne bis zum heutigen Tag und hoffentlich für immer, Auftrag zur Wallfahrtsseelsorge und Organisation des Pilger-wesens als einziger Orden am Ort. Daß die Kapuziner bei ihrer volksnahen Grundein-stellung hervorragend dazu geeignet sind, ist bekannt.
Sie haben mit ihren Hilfsorganisationen, vor allem dem Seraphischen Liebeswerk und der Marianischen Kongregation, das Leben der Wallfahrt enorm bereichert. Sie schufen ab 1901 die großen Pilgerzüge über die Bundesbahn aus ganz Deutschland und Österreich, die der Wallfahrt das heutige Gepräge gegeben haben. Sie organisierten die besonders vor der Jahrhundertwende so zahlreichen, mit Fahnen und Trompeten und mächtigem Männer-gesang imponierenden Soldaten- und Veteranenpilgerzüge. Ihre ,ordentliche' Seelsorge-tätigkeit leistet (auch heute noch) einige hunderttausend Male die Spendung der heiligen Beichte und Kommunion, ungezählte Predigten, Andachten, Gottesdienste für die Pilger-

gruppen. Daneben geben sie Exerzitien, Volksmissionen, Betreuung in religiösen Vereinen in weitem Umkreis, verbreiten eine große Menge religiösen Schrifttums, rufen zu tätigem Eifer für Waisenhäuser und katholische Weltmission auf.

Zwei für die Pflege und Leuchtkraft der Wallfahrt über Jahrhunderte wirksame Leistungen der Kapuziner sind besonders hervorzuheben. Schon vor 250 Jahren dachte man an den Bau einer großen Wallfahrtskirche. Der Plan Zuccalis aber blieb unausgeführt. Anfangs des 20. Jahrhunderts drohte die Wallfahrt an sich selbst zu ersticken in den verhältnismäßig kleinen, sonntäglich überfüllten Kirchen der Kapuziner und der Pfarrei. Altötting mußte wieder einmal was tun für die Wallfahrt! Aber wer sollte das (nach heutiger Kalkulation gesagt) Millionenprojekt verwirklichen? Das Aufreizende ist, daß die Kapellverwaltung nicht beteiligt war, weder federführend noch finanziell. Die Königliche Administration atmete kurz im strammen Korsett der Amtsbürokratie. Die Kapuziner von Altötting unter dem Guardian P. Joseph Anton Keßler hatten die Idee, den Mut und das Vertrauen zu Gott, zu Maria, zum christlichen Volk, eine Kirche zu bauen, wie sie notwendig war. Interessant sind die Vorverhandlungen: 2. Die Marianische Männerkongregation als juristische Person stellt sich als Eigentümerin des Baugrundes und auch der Kirche; sie sichert den Kapuzinern aus kirchenrechtlichen Vorschriften nur das Nutzungsrecht an der Kirche zu. 3. Von der Verpflichtung, einen Baufonds in bar nachzuweisen, wurde dispensiert; dafür stand die Liebe des bayerischen Volkes zu seinem Nationalheiligtum zu Buch. 4. Für die Baulast zur Unterhaltung der Kirche durfte das St. Annakloster Bürge stehen. Und Punkt 1: Das wirkliche Geld? Die Kapuziner hatten es sicher nicht. Es wurde von dem Heer der Gläubigen zusammengetragen, den Armen und Reichen, den Niedrigen und Hohen, bis hinauf zum Protektor Prinz Ludwig von Bayern (nachmals König Ludwig III.), dem regierenden Prinzregenten Luitpold und dem begeisterten Bischof von Passau Sigismund Felix Freiherrn von Ow-Felldorf.

Zwischen dem 30. Mai 1910 und dem 13. Oktober 1912 erstand *eine domartige Kirche*, innen 83 m lang, 27,50 m breit, 24 m hoch. Sie entspricht den praktischen Anforderungen: 5000 bis 7000 Menschen Fassungsvermögen — 20 Beichtstühle — 12 Seitenaltäre mit frommen Gemälden — ein mächtiger Musikchor — Raum für eine feierlich ausgebreitete Liturgie — ein alles beherrschender Hochaltar mit dem Gemälde zur Verehrung der heiligen Anna und auch zur Erinnerung an den Stifter des Altars Prinzregent Luitpold, den Protektor Prinz Ludwig und den nun heiliggesprochenen Papst Pius X. Über den Kapellennischen umziehen breite Emporen den weiten Kirchenraum. Man muß ihn mit Betern gefüllt erleben, um seine frohmachende Helle, Höhe, Weite erfühlen zu können. Die Ausstattung ist gefällig neubarock. Über den First ragt, ähnlich wie bei St. Magdalena, ein mächtiger Dachreiter mit einer in Kupfer getriebenen Altöttinger Madonna bis zur Höhe von 57 m auf. Die Fassade selbst wirkt zu schmal; hätte sie die damals geplanten Seitentürme, dann würde sie noch eindeutiger an ihr Vorbild in Fürstenfeldbruck erinnern. Man kann sich die Pilgerbetreuung von heute ohne Basilika St. Anna nicht vorstellen. Wie hoch und dankenswert ist also ihre Erbauung durch die Kapuziner zu schätzen.

Das zweite große Geschenk der Kapuziner zur Erhaltung und Mehrung der Wallfahrt ist *der heilige Bruder Konrad.* Es ist doch klar, daß das franziskanische Ordensideal und die

Kapuzinerfamilie den Bauernburschen gebildet und veredelt und eben heilig gemacht haben. Auch der Anruf, ihn sofort nach dem Tode zu verehren, ging von seiner Beispielhaftigkeit als einem ‚kleinen' Heiligen aus, einem einfachen Klosterbruder. Man kann auch getrost bemerken, daß es der Orden war, der seinem Mitglied den Selig- und dann den Heiligsprechungsprozeß gemacht hat mit sehr vielem Beten, Studieren, Verhandeln, Opfern. Er ist also auch ein Geschenk der Kapuziner, der heilige Bruder Konrad.

Mit vielleicht gleicher Berechtigung können wir aber sagen, Altötting hat ihm die Möglichkeiten zum Heiligwerden geboten. Gerade an der Klosterpforte des Wallfahrtsortes konnte er sein persönliches Talent, zu dienen in Demut und Geduld, mehr als anderswo zur Reife und heroischen Tugend bringen. Hier bei der Gottesmutter, bei der täglichen Marienmesse in ihrer Gnadenkapelle um fünf Uhr in der Frühe, gedieh seine Marienverehrung aus warmer Frömmigkeit zu bewußter Opferkraft. Man braucht auch nicht zu übersehen, daß die nach dem Tode, ja schon früher einsetzende Verehrung, die ebenfalls Vorbedingung für eine Heiligsprechung ist, gerade in Altötting reich erblühen konnte. Er war weithin bekannt in frommen Kreisen, gerade sein Pilgern, schon als Bauernbursche zu den erreichbaren heiligen Orten seiner Heimat, stellte ihn den Pilgern als Beispiel vor. So verehrten sie ihn und gewannen das Vertrauen, das Berge versetzt und Krankheiten heilt mit Gottes Gewährung. Die Heiligsprechung brachte über Altötting dem Bruder Konrad weltweite Verehrung.

Aber umgekehrt bescherte auch Bruder Konrad Altötting Verjüngung und Mehrung der Ausstrahlung und Anziehungskraft. Es ist zwar nicht üblich, zu ihm eigene Pilgerzüge zu formieren, außer etwa bei der Seligsprechung, Heiligsprechung, und nun wieder 1969 zum Jubiläumsgedenken. Aber alle Pilger zur Muttergottes besuchen auch ihn, seine Pfortenzelle, wo er 41 Jahre lang in Treuen Gott und den Armen gedient hat, den Schau-Sarg mit den Reliquien in der Bruder-Konrad-Kirche. Und sie werden auch ohne Predigt inne, hier ist gut sein.

Folgen die sachlichen Angaben für Johannes Birndorfer, später genannt Bruder Konrad von Parzham: Geboren am 22. Dezember 1818, Ordenseintritt 1849 mit Profeß 1851, gestorben am 21. April 1894, Seligsprechung 1930, Heiligsprechung 1934.

Wallfahrtsleben

Wallfahrtsbräuche werden geboren aus einem ursprünglichen Beten und Vertrauen und allmählich senken sie sich ein in die Überzeugung, daß eben nur in dieser Art gottgefällig und aussichtsvoll gewallfahrtet werden kann. Bis in unsere helle Zeit hat sich freilich nicht viel an altem Brauchtum erhalten.

Die ersten Pilger kamen sicher als einzelne und in kleinen Familien- und Freundesgruppen, dann auch in Dorf- und Pfarrgemeinschaft, im ordentlichen ‚Kreuz‘, mit Kreuz und Fahne und Pfarrer. 1493 marschierte die Stadt Landshut in mächtigem Zuge und amtlicher Organisation daher, bald auch Straubing, Burghausen, München. Pilger in besonderem Drang der Not oder Dankbarkeit gingen barfuß, ‚wüllen‘ in rauhem Gewand, fastend, den kargen Reiseproviant in Demütigung erbettelnd; man wallfahrtete in Vertretung für andere, brachte auf eigene Kosten Gebetshelfer mit; man rutschte die letzte Strecke auf den Knien heran, verklärte sich durch Begleitung weißer Jungfrauen; man kaufte sich Pilgerzeichen als Andenken und Ausweis und Segenspfand; man brachte seine Opfer, etwa in Wachs, ‚abgewogen‘ und abbildlich nach Organ- und Leibesgestalt; man machte sich zum Hörigen der Madonna durch Zusicherung jährlicher Kopf- und Grundsteuerabgabe. Man zog ‚im Umgang‘ — und das ist heute noch lebendig — um die Gnadenkapelle, betend, singend, sinnend. Und auch das wird heute noch ausgeübt: man schleppte hölzerne Kreuze von der Heimat her zum Heiligtum; es erfolgt nicht meist zur Buße, sondern zum Dank für erlangte Wohltat. Der bekannteste Kreuzträger ist der Zimmermann Franz Stocker aus Prien. 1884 fiel er nach mehreren Unfalloperationen in der Klinik des Dr. Nußbaum in München in Starrkrampf, wurde für tot erklärt und aufgebahrt. Er lebte aber noch und machte in seiner Angst das Gelübde, ein zentnerschweres Kreuz von Prien nach Altötting zu tragen, wenn er wieder in die Lebendigen aufgenommen werde. Auf unerklärliche Weise beunruhigte sich ein Unterarzt und ließ den Stocker aus dem Totenkammerl holen, bearbeitete ihn mit seinem berühmten Chef noch einmal und erweckte ihn zum Leben. 1887 konnte der Franz sein Kreuz nach Altötting tragen und lebte noch 39 Jahre lang.
In Weiterführung des Brauches, Kreuze herbeizutragen, trugen nun Pilger die hier aufliegenden Kreuze um die Gnadenkapelle, allein, in Prozession, gehend, kniend. Die unübersehbare Symbolik mag sicherlich viele Pilger bestärken, ihr eigenes Kreuz zu tragen und so kann der Brauch die Marienverehrung befruchten und vertiefen.
In unseren Tagen wird das Erlebnis der Nachfolge Christe vielleicht vertieft durch das Begehen eines modernen Kreuzweges im Garten des ehemaligen Propsteigebäudes. Der Bildhauer Rudo Göschl von Nürnberg hat im Auftrag des ‚Altöttinger Marienwerkes‘ die ausdrucksstarken Stationen aus schwedischem Granit geschaffen. Es bleibt zu hoffen, daß die ‚Kreuzträger‘ sich zum Kreuzweg-Beten hinüberleiten lassen.

Pilgergeschehen heute

Wie verläuft heute ein normales Pilgergeschehen? Da sitzen draußen in den Dörfern und Städten die Pilgerführer, geistliche und weltliche Herren. Sie rufen das Volk zusammen

mit ihrem Programm. Seit Jahren findet zu ihrer Unterstützung im November des je vorangehenden Jahres eine Konferenz aller etwa 50 Pilgerführer in Gemeinschaft mit den Bundesbahn-Direktionen statt. Da müssen alle Termine der Sonderzüge, für Altötting allein 75, auf ihren Tag festgenagelt werden, sonst kommen alle im wunderschönen Monat Mai. Daß dabei vielerlei Interessen zu rangieren sind, kann man sich ausmalen: die Weltgeistlichen und die Kapuziner, die Kirchen und die Kirchenmusik, die Eisenbahnwaggons und die Kapazität von Tisch und Bett, die Konkurrenz verschiedener gleichzeitig anstürmender Frömmigkeit, und nicht zuletzt die günstige Zeit für Pilger aus Stadt und Land.
Rollt dann der Zug am Bahnhof ein, so erwartet ihn feierlicher Willkomm: der Kirchenschweizer (vulgo Napoleon), der Mann mit dem Kreuz, der Fahnenträger, der Kapuziner und der Kapellenadministrator. Unter Gebet und Gesang und Geläute, auf Wunsch auch mit Musik, geht der Zug über den Kapellplatz in die Pilgerbasilika zur Begrüßungsansprache. Hernach belagert man die Quartiere, die Beichtstühle, die Gnadenkapelle.
Oder Fußwallfahrer marschieren an, aus Nachbardörfern oder von weither, von München, Passau, aus der Deggendorfer Gegend, die Regensburger; diese leisteten 1980 ihre 120 km in einer Kolonne von über 4000 Pilgern. Die Oberpfälzer machen seit 1685 jedes Jahr, auch durch die Sperren des Krieges, ihre 150 km im Viertagemarsch. Es geschieht in alter Treue aus Gelübde für die Erhaltung des katholischen Glaubens.

Großwallfahrten

Einen besonderen Typus moderner Wallfahrt praktizieren Großveranstaltungen von zentralen Organisationen. Sie bringen nicht nur immer wieder Zehntausende von Menschen nach Altötting, sondern kommen, um eben am Marienort ihre Ideale zu beleuchten, zu erwärmen, zu verbreiten. Sie nutzen den Ruf von Altötting, tragen ihn aber auch über alle Länder. Solche Großwallfahrten gingen aus von der Landjugend, dem Landvolk, den Priestern, Ordensfrauen, Terziaren, der Marianischen Kongregation, Legio Mariae, Pax Christi-Vereinigung, den Freunden von Fatima, Verbänden von Arbeitern, Kriegern und Veteranen, Schützen, Trachtlern, Kirchenmusikern, Ministranten. Mehrere fromme Wallfahrten kamen zum Bruder-Konrad-Jubiläum 1969.

Ablauf eines Pilgertages

Der Morgen eines Pilgertages ist meist mit feierlichen Gottesdiensten besetzt. Zu Abschiedsansprache und Auszug zum Bahnhof läutet es erst am Nachmittag; so bleibt noch Zeit genug zu privatem Gebet in der Gnadenkapelle und für die ‚Sehenswürdigkeiten': Schatzkammer, Tillygruft, das Panorama (ein kolossales Rundgemälde der Kreuzigung Christi von Gebhard Fugel), eine Missionsausstellung, figürlich gestaltete Szenen aus der Wallfahrtsgeschichte (‚Die Suhau'), sogar einen eigenen Farbfilm über die Entstehung der Wallfahrt gibt es und neuerdings ein interessantes Wallfahrts- und Heimatmuseum. Diese anscheinend nur der Unterhaltung dienenden Ausstellungen beschäftigen die Pilger auch in der freien Zeit im Grenzgebiet religiöser Gedanken und vertiefen so den Gesamteindruck. Das nachhaltigste Erlebnis der Pilger in Altötting aber ist die feierliche Lichterprozession in die dunkle Nacht hinein. Nach einer Predigt in der Basilika ziehen sie in immer enger werdenden Spiralen um die Gnadenkapelle, alle Fenster des Platzes leuchten über sie, und unter Führung singen und beten die Wallenden zum frommen Beschluß des Tages vor der strahlenden Kapelle. Sie tragen Licht und Herz zur Gnadenmutter. Das mag noch lange nachklingen und — werben für das nächste Jahr.

Ungünstig scheint, daß das kleine Heiligtum selber nur 200 bis 300 Beter bergen kann. An überfüllten Tagen können Tausende von Pilgern sich trotz frommen Ungestüms überhaupt nicht hineindrängen. Mit Gewalt zu ordnen würde die der privaten Andacht reservierte Ruhe vertreiben. Und gerade die Belagerung der Kapelle mag manchen dazu führen, ein andermal an ruhigen Tagen wiederzukommen.

Musik

Zur großen Wallfahrt gehört auch die Musik. Aber nur selten bringt ein Pilgerzug seine eigene Kapelle mit. Der Wallfahrtsort muß dafür sorgen, daß diese Verlebendigung des Betens und Feierns geboten werden kann. So stellte auch Altötting von Anfang an seine Kirchenmusik. Weil schon das alte Chorherrenstift seine Cantores hatte und der Chor auch durch magere Zeiten, sogar durch die Säkularisation durchgehalten werden konnte, erfreut sich Altötting einer ununterbrochenen Musiktradition.

Es gab Kapellmeister, Organisten, Sänger, Singknaben. Diese mußten zur Ölung der Stimme täglich eine Maß Bier trinken, sie waren der Lehre und Zucht des Schulmeisters anheimgegeben, bezogen ein festes Gehalt und wurden auch für spätere Brauchbarkeit vorbereitet. Das Institut der Singknaben erhielt sich in vereinfachter Form sogar bis 1936. Dazu besteht seit 1901 eine allen Kindern zugängliche Singschule. Es gab auch festangestellte Instrumentalmusiker mit zahlreichen Verpflichtungen, ebenfalls bis zur Inflationszeit. Von einfallsreichen Komponisten sollen nur genannt werden Kapellmeister Rupert Hösl, der zur Erinnerung an die verhinderte Entführung des Gnadenbildes im Jahr 1704 das noch alljährlich aufgeführte, mit fröhlicher Begleitung von Instrumenten barock verzierte ,Sturmlied‘ schuf, und Max Keller, Autor von über 250 Kompositionen, der Freund Michael Haydns von Salzburg.

Heute besoldet die Gnadenkapelle einen achtköpfigen Chor mit Kapellmeister und Organist. Er singt und spielt zum täglichen Hochamt in der Kapelle, bei den Hauptgottesdiensten der Stiftskirche, beim sonntäglichen Hochamt in der Basilika sogar mit Orchesterbegleitung. Die Instrumentalmusik hat sich installiert als ,Musikkapelle Altötting‘ mit etwa 50 Musikern und gutem Nachwuchs. Diese Kapelle bläst mit kleiner Besetzung gerne bei den Pilgereinzügen, den Lichterprozessionen und auch bei den liturgischen Gottesdiensten. Seit 1978 sorgt sich auch eine neue Musikfachschule um guten Nachwuchs auf breiterer Basis.

107 Fahne der Erzbruderschaft Unserer Lieben Frau zu
Altötting an der Münchner Frauenkirche von ca. 1700
im Wallfahrts- und Heimatmuseum

108 Übertragung des Gnadenbildes aus der Kapelle in die
Basilika

109 Sternwallfahrt der Legio Mariae, die alljährlich an Pfingsten stattfindet.

110 Krankentag des Malteser-Hilfsdienstes unter Führung von Bischof Antonius Hofmann von Passau

111 Eine der großen Kolpings-Wallfahrten mit Gottesdienst auf dem Kapellplatz

112 Eucharistische Prozession auf dem Kapellplatz anläßlich des Hauptfestes der Marianischen Männerkongregation

113 Kreuzträgerinnen an der Gnadenkapelle ▷

114 Wallfahrt des Frauenbundes ▷

115 Allwöchentlicher Kinder-Rosenkranz in der Gnadenkapelle

GEFÄHRDUNG DER WALLFAHRT

Widrige Zeitläufte und Strömungen

In diesem Kapitel möchten Überlegungen angestellt werden nicht über böse Menschen, sondern über widrige Verhältnisse, die die Wallfahrt bedroht haben und noch bedrohen können. Äußere Gefahren waren Pest, Krieg und andere Gewalttat.

Die Pest

Die eigentliche asiatische Beulenpest war schon im 14. Jahrhundert ins Abendland verschleppt worden. Man verstand unter dieser unheimlichen Gottesgeißel, dem schwarzen Tod, auch andere, ähnliche Massenepidemien. Leider stand die Medizin ihnen fast hilflos gegenüber. Immer wieder wütete auch in Altötting nach dem Aufkommen der Wallfahrt die alles lähmende Seuche.

1562/63 starben täglich zwei oder drei Personen. 1611 drang die Pest vom Inntal herunter; über Altötting wurde der Pestbann verhängt; auch 1617 wurde das Land gegen Zuzug aus Böhmen und Österreich versperrt.

1627/28 ereigneten sich wieder mehrere tödliche Pestfälle im Ortsgebiet; am 14. Mai 1628 hielt man die Gefahr für überwunden und Altötting wallfahrtete zum heiligen Sebastian nach Ebersberg. Doch war es leider nur eine Täuschung; 1628 wurden die Toten aus dem zugehörigen bäuerlichen Hinterland, der sogenannten Waldpfarrei, in einem Pestfriedhof beerdigt, der heute noch im Walde bei Kastl als Erinnerungsstätte gepflegt wird. Die Pestopfer aus Altötting selber wurden weiterhin im Michaelsfriedhof eilig und ziemlich formlos begraben.

Das schlimmste Jahr 1634, nach dem Abzug der Schweden, forderte seine Opfer auch aus dem Klerus, der mutig die verzweifelten Kranken betreute, den Ortspfarrer, zwei Kapläne und zwei Jesuiten.

1649 brach die Pest noch einmal aus; zwanzig Häuser waren infiziert, an manchen Tagen wurden fünf und mehr Personen begraben. Eine Mißernte mit folgender Hungersnot tat das ihre, um die Menschen mürbe zu machen. Zum Fest des heiligen Pestpatrons Karl Borromäus bestürmten die Altöttinger den Himmel durch inbrünstiges Gebet, Sakramentenempfang, Meßfeiern und eine außerordentliche Bittprozession, bei der sogar das Gnadenbild herumgetragen wurde. Und von dieser Stunde an ließ die Pest nach; eine alte Frau starb noch, die anderen Angesteckten wurden gesund.

Dieser Bericht des Grauens über vierzig Jahre hin läßt uns ahnen, wie erbarmungslos die Pest auch die Wallfahrt zu Tode bringen mußte. Wer sollte sich noch an so einen Ort wagen, galt er als noch so heilig und heilkräftig? Nur Verzweifelte und Unwissende nahmen Zuflucht dahin. Aber sobald jeweils die Sonne wieder schien, blühte auch das Vertrauen, die Seele der Wallfahrt, ungebrochen wieder auf. Die Überlebenden, Einzelpilger, umliegende Pfarrgemeinden, die Regierungsstadt Landshut kamen wieder wie ehedem, nun in Dankbarkeit dafür, daß sie verschont geblieben.

Ein Denkmal hat die Pest in Altötting hinterlassen, das als ein Wahrzeichen der Stadt gilt, den ‚Tod von Eding'. Man kennt nicht seinen Vater und seinen Geburtstag. Er tut nur unerbittlich mit seiner Sense etwa alle Sekunden einen Schnitt, und der fällt irgendeinen Unbekannten auf der weiten Welt. Auch er gehört zur Wallfahrt als ein Mahner, die Pilgerschaft auf Erden ernst zu nehmen.

Erwähnt wird die „in der Stüfftkirchen stehente Todtenuhr" erstmals in der Kirchenrechnung von 1675 gelegentlich einer Reparatur; das ca. 50 cm hohe bewegliche Gerippe aus Holz ist aber sicherlich älter, der 7 m hohe Schrank in seiner heutigen Gestalt freilich neueren Datums.

Die Kriege

Die Kriegsgeschichten von Altötting brauchen nicht durchexerziert zu werden. Aber ihre Problematik kann zum Denken anregen. Kriege gab es, in großer Überschau betrachtet, ja immer wieder, und sie beraubten und bereicherten die Wallfahrt, töteten und erweckten sie, lähmten und förderten.

Der Landshuter Erbfolgekrieg 1503—1505 entlieh sich das Geld und den Schatz der Muttergottes. Das Land wurde neun Monate lang verwüstet. Die heilige Kapelle selbst blieb unangetastet, doch wer sollte wagen, dahin zu wallfahren? Der enorme Zustrom an Opfern des ersten Jahrzehnts ging um 93 % zurück. Doch gleich nach der Befriedung mehrten sich wieder Pilgerschaft und Opferfreude, die Landshuter Schulden wurden abgeglichen durch Hingabe kostbarer Schätze; Herzöge und Fürsten bis hinauf nach Ansbach, Braunschweig und Lüneburg schickten ihre frommen Votivgaben. Und das Volk strömte wieder herbei in Massen wie ehedem.

Der 30jährige Krieg 1618—48. Unmittelbare Schäden an Leib und Leben erlitten die Altöttinger im langen Krieg überraschend wenige. Es gab keine Erschießung, Plünderung, Tötung, schwedische Traktierung; freilich wütete die Pest, aber auch gnädiger als anderswo. Der heilige Ort war auch durch besondere Huld des frommen Kurfürsten Maximilian I. von Durchmarsch und Einquartierung befreit worden. Erst am Ende des Krieges (1646/47) mußte die Hofmark an die 60 Mann aufnehmen, aber mehr als Schutztruppe zur eigenen Sicherheit.

Der Schaden für die Wallfahrt lag auf anderem Gebiet. Viermal mußte die Kapellstiftung mit anderen Kirchen und Klöstern dem Kurfürsten Geld zur Besoldung seiner nimmersatten Regimenter leihen. 1620 waren es 3 000 Gulden; 1631 konnten die 8 000 geforderten Gulden nur zur Hälfte in bar aufgebracht werden, die Hälfte mußte aus silbernen und goldenen Opfergaben gemünzt werden; 1634 im Februar wurden für 8 073 Gulden Kirchengold und -silber verschmolzen, im April für weitere 1 568 Gulden. Es waren Kriegsanleihen, zu Verzinsung und Rückerstattung gedacht. Sechsmal mußten die ‚Schätze' der heiligen Kapelle zur Sicherheit in feste Städte geflüchtet werden.

Schon 1620 wurde auf Befehl des Kurfürsten der gesamte Kirchenschatz samt den Urkunden in zehn Truhen nach München gefahren. Zu undurchsichtig war das auf allen Straßen wimmelnde durchziehende Kriegsvolk. Aber schon im Februar 1622 kamen die kostbaren Fuhren zurück.

1632 war die Lage durch die verlorene Schlacht bei Rain und Tillys Tod noch viel gefährlicher geworden. Gustav Adolf drang bis Regensburg vor, der ‚Schwed‘ überflutete das Land, ganz Schwaben, die Oberpfalz, Altbayern samt München bis an den Inn. So wurden die Altöttinger Kostbarkeiten am 19. April nach Burghausen gebracht; sogar das Gnadenbild wurde in seine Festungsgewölbe versteckt. Doch schien es hier nicht sicher und würdig genug versorgt. Die Kurfürstin flüchtete es in ihrer Kutsche außer Landes in das stark befestigte Salzburg. Der fromme Fürsterzbischof Paris Lodron aber reservierte dem Bild Unserer Lieben Frau als Asyl den Hochaltar des Domes. Mächtig offenbarte sich der Jubel der Salzburger Christenheit in Gebet und Opfergabe. Als am 16. November 1632 die schwedische Gefahr durch Gustav Adolfs Tod in der Schlacht von Lützen gebannt schien, brachte der Erzbischof in Begleitung der Kurfürstin das Gnadenbild in feierlichem Zuge nach Altötting zurück. Jubel und Dankbarkeit wurden auch greifbar dokumentiert. Auf Heller und Kreuzer verzeichnet brachten die Salzburger alles mit, was der Muttergottes von Altötting im Exil geschenkt worden war, 1141 Gulden, dazu 66 Gulden 40 Kreuzer Wachsgeld und 63 Stück Votivgaben mittleren und kleineren Wertes; der Erzbischof persönlich schenkte einen goldenen Kelch samt Patene mit Emaileinlagen. (Anmerkung aus der Säkularisationszeit: ‚anno 1798 eingesendet‘ zum Verschmelzen.) Aber auch eine Opfergabe dauerhafter als Metall stiftete Lodron nach Altötting, den marmornen Marienbrunnen. Er ist heute noch eine erquickende Salzburger Schönheit und diente in alten Zeiten, als man noch Wasser trank, auch dem Nutzen der Wallfahrer. Die gleichen lockigen Engelsköpfchen kann man im Salzburger Dom finden. M. A. König beschreibt den Brunnen: „Aus vierbogigem weißem Marmorbecken von nahezu neun Meter Durchmesser wächst wie in gefüllter Blüte eine zweite kleinere Schale auf. In ihrer Mitte erhebt sich, gleichsam als erhöhtes Fruchtblatt in entfalteter Blumenkrone, die weiße Marmorfigur der Madonna, majestätisch auf Wolken und Mondsichel stehend, Königin und Mutter zugleich. Je vier geflügelte Tritonen und auf Delphinen reitende Putten speisen die beiden Wasserbecken.“ (Bd. I S. 202.) Die beiden lateinischen Weihinschriften danken der Muttergüte Mariens, daß sie das Land Salzburg inmitten der lodernden Brandstätte Deutschland unversehrt bewahrte.

1633, während Wallenstein gemütlich die Oberpfalz aussaugte, nahm ‚der Schwed‘ Regensburg und durchraste raubend und brennend und mordend das bayerische Bauernland. Man mußte die Altöttinger Kostbarkeiten schon wieder in das feste Burghausen flüchten. Nicht ohne schmerzhafte Schmälerung wurde, wie oben berichtet, die Gastfreundschaft in den Gewölben der Burg vom 17. April 1633 bis 19. April 1634 gewährt. Anstelle der sieben schweren Fuhren mit 29 Pferden auf dem Hinweg brauchte man heimwärts nur mehr vier Fuhren mit acht Pferden.

1647 standen am linken Innufer vor Neuötting zweihundert dem abtrünnigen General Johann von Werth hörige Reiter. Der Kommandant von Neuötting, Obristleutnant Hildebrandt, versperrte ihnen die Brücke und warnte die Kapellverwaltung vor dem unerfreulichen Haufen. So mußte der Kapellschatz für die Zeit vom 7. Juli bis Mariae Geburt wieder in Burghausen untertauchen.

Das gefährlichste Gewitter zog sich erst 1648, also gegen Ende des Krieges, um Altötting zusammen. Schwedisch-französische Armeen überfluteten die Oberpfalz, das Voralpen- und Donauland. Lech und Isar waren kein Hindernis gewesen, Rosenheim und das nahe Mühldorf zur Beute der verwilderten Soldateska geworden. Schon standen sie vor Neuötting und drängten auf der ganzen Linie mit unglaublicher Hartnäckigkeit und Heftigkeit über den Inn. Mit allen Kriegslisten heimlichen Brückenschlagens und Übersetzens, mit viel tausend Schüssen und Geschrei und Krach, daß sogar die abgelegenen Altöttinger Fenster erzitterten, berannten sie vierzehn Wochen lang den Innfluß. Der wütende Gebirgsstrom ließ sich nicht überrollen. Trotz seiner Wildheit erschien das den bisher unaufhaltsamen Heermassen so unheimlich, daß sich damals schon die Legende bildete, weder Wasser noch Feuer, weder Geschütz noch Karthaunen, sondern ein wunderbarliches Weib, welches einen himmelsblauen Mantel über den ganzen Innstrom gespannt, habe sie zum Abzug gezwungen. Sogar die beiden alten Feldmarschälle Turenne und Wrangel sollen erklärt haben, man sehe augenscheinlich, daß die schwarze Maria von Alten-Ötting sie nicht hinüberlasse.

Niemand wird tadeln, daß die Verantwortlichen trotz ihrem Vertrauen auf himmlische Hilfe auch menschliche Klugheit walten ließen. Am 5. Juni wurden auf Befehl des Kurfürsten Kapellschatz und Madonnenbild auf die Burg in Burghausen gebracht; Kurfürst Maximilian persönlich floh sofort mit dem Gnadenbild weiter nach Salzburg; auch die Kleinodien der Kapelle, Kirchengeräte und der wichtigste Archivbestand folgten ihm bald nach. Das Gnadenbild wurde diesmal den Franziskanern zur Aussetzung in ihrer erhabenen gotischen Hallenkirche anvertraut. Für eine marianische Festwoche thronte das Gnadenbild sogar wieder im hohen Dom. Sorge machten mehr die Weihegaben und Paramente; der Transport war zwei Tage und drei Nächte lang mit Regenschauern begossen worden; doch reparierte die kunstreiche Bischofsstadt wieder alles, und für die Kosten reichten leichthin die eingehenden Opfer. Am 20. Oktober endlich konnte die Madonna mit ihrem Hofstaat heimwärts ziehen, bis Burghausen auf dem Wasserwege der Salzach, dann mit der Kutsche, wohlbehütet von vier schönen Chorherren. Am 24. Oktober 1648 wurde der Friede eingeläutet. Doch 1649 schlichen noch immer die jämmerlichen Kinder des Krieges im Lande herum, Hungersnot und Pest. Eine große Gefahr und Sorge bereiteten dazu die 30 000 nun arbeitslos gewordenen Soldaten des eigenen Heeres. Der Kurfürst ordnete darum am 9. Februar die sechste Schatzflucht an; sie verlief nach Wasserburg und zur größeren Sicherheit weiter nach München. Aber schon Ende März ging die Sendung auf demselben Wege zurück.

In ehrlicher Zusammenschau muß man zugeben, der Dreißigjährige Krieg hat der Wallfahrt nur äußerlichen Schaden gebracht. Die öffentliche Unsicherheit, die Dezimierung der Bevölkerung durch Gewalttat und Pest machten in vielen Jahren ein Pilgern über Land unmöglich. Aber sie erhöhten die Hilfsbedürftigkeit und stauten nur das Vertrauen auf Hilfe von der in aller Bedrängnis mächtigen Schutzfrau. So erklärt sich, daß die Wallfahrt in der wohltuenden Ruhepause für Bayern, etwa 1634—1637, einen mächtigen Aufschwung erlebte: Offiziere und Adelige, die Städte Straubing und München brachten schon 1635, sobald es eben möglich war, ihre Weihegaben, nun zum Dank für Rettung aus der Not des Krieges und der Pest. 1637 wurden die Pilgerscharen sogar auf 40—50 000 geschätzt.

Die Türkenkriege. Max Emanuel, ,der blaue Kurfürst', brachte im Zeitraum von 1683 bis 1688 dem Bayernland viel Ruhm, saugte aber aus ihm das Blutopfer von 30 000 Mann und 15 Millionen Gulden. Der kleine Ort Altötting mag von diesen auf die Allgemeinheit verteilten Lasten nicht übermäßig getroffen worden sein. Die Wallfahrtsgeschichte bezeugt eher ein erfreuliches Pilgern und Opfern, wenn es auch vielfach die Angst vor dem dräuenden Halbmond war, die sich darin kundtat oder auch der Dank für Rettung und Sieg. Es braucht nur erinnert zu werden an die in der Schatzkammer verbliebene Türkentafel der Stadt Landshut und so manche Wallfahrten des trotz allem so beliebten Landesfürsten.

Spanischer Erbfolgekrieg — Bauernaufstand. Viel bitterer blutete Altötting im Spanischen Erbfolgekrieg, besonders im Aufstand der Bauern für den ihrer Treue so wenig würdigen Kurfürsten. Die Hofmark lag inmitten des Kriegsschauplatzes, wenn man ihn so nennen will. Max Emanuel hofierte erst in den Niederlanden herum; dann von den Kaiserlichen zum Kampf gezwungen, verlor er bei Höchstädt am 13. August 1704 sein bayerisch-französisches Heer, wurde geächtet und floh nach Frankreich. Bayern wurde von den Österreichern besetzt und unsäglich drangsaliert. Altötting ängstigte sich in diesen Wochen zwischen zwei Feuern; es hatte einen kräftigen Schutzbrief des Kaisers und die wohlmeinende, aber schwache Fürsorge der kurfürstlichen Beamten. Der Vicedom und Rentmeister von Burghausen veranlaßte die Flüchtung des Kapellschatzes nach Burghausen und weiter nach München.

Das Gnadenbild wollte der Rentmeister am Sonntag, den 27. Juli, von Altötting abholen; 7 Uhr abends kam er mit etwa 50 Mann zu Roß und Wagen und herrischem Gehabe angefahren und verlangte ohne Spezialauftrag des Kurfürsten die Madonnenstatue. Die Altöttinger trauten ihm nicht! Sie rannten zusammen und erfüllten die Kapelle mit Beten und Weinen und Schreien. Kopflos bedrohten sie den Rentmeister mit Gewalttat. Sie hatten sogar eine Flinte und Pistole dabei. Dazu läutete wie von selber die große Glocke der Stiftskirche mit ihrem kanonenähnlichen Gebrumm. Es war wirklich eine kleine Revolution, und der hohe Herr war gezwungen, sich ohne Madonna nach Burghausen zurückzuziehen. Natürlich erließ er sofort einen geharnischten Protest an die höhere Stelle, und auch der Dechant mußte einen Bericht verfassen, aber der Kurfürst war mit anderen Sorgen beschäftigt.

Die Altöttinger hatten doch das richtige Gespür gehabt und die Zeichen der Zeit verstanden. Schon am nächsten Tag drängten 200 kaiserliche Husaren heran. Sie achteten den kaiserlichen Schutzbrief, ließen alle Inwohner unbelangt von Kontribution und beleidigten weder Mensch noch Vieh. Von der Stadt Neuötting aber trieben sie 7 200 Gulden ein für gütig unterlassene Plünderungen und Einäscherung. In Altötting dagegen ließ sich der Herr Obrist, beeindruckt durch die Besichtigung der Gnadenkapelle mit ihren auch kaiserlichen Opfergaben, noch mehr zum Schutz des heiligen Ortes bewegen. Er war selber ein frommer Mann; aber, soll er gesagt haben, hätten wir das Gnadenbild nicht hier gefunden, wir hätten die Dechantei, die doch Herberge des Kurfürsten ist, total zerstört.

Vom Kurfürsten konnten die Altöttinger keine Hilfe erhoffen; er mußte für vierzehn Jahre das Bayerland verlassen. Gegen die tyrannische Besetzung und Verwaltung der Österreicher erhoben sich nun die Bauern. Der Herd des Aufstandes in Altbayern war das Rentamt Burghausen. Schon am 10. November 1705 zog ein Haufen 300 bäuerlich bewaffneter Gesellen durch Altötting. Am 17. November besetzten sie Stadt und Festung von Burghausen, am 18. Neuötting. Von Altötting begehrten und erhielten sie für ihre 1 000 Mann nur je ein Viertel Bier und zwei Brote. Dann zogen sie siegesfroh gegen Wasserburg. Am 28. November vertrieb Oberst de Wendt Bauernscharen, die sich im Raum Alt-Neuötting hielten. Dafür nahmen die Kaiserlichen Quartier im Ort. Nun wurde ein Waffenstillstand über Vermittlung von Altöttinger Franziskanern geschlossen, da sich die Kaiserlichen gar nicht mehr so sicher fühlten. Doch die Bauern hielten sich nicht daran, die Kaiserlichen mußten sich Richtung München zurückziehen. Hier vollendete sich das tragische Schicksal des Bauernaufstandes. Die Oberländler aus dem Isartal, die München erobern wollten, wurden verraten und von dem in Eilmärschen nachrückenden General Kriechbaum in der Mordweihnacht von Sendling niedergemacht. Dann eilte Kriechbaum nach Niederbayern und vernichtete die dortigen Bauernscharen in der Schlacht bei Aidenbach am 8. Januar 1706.

Daß Altötting an der unvermeidlichen Heerstraße München—Wasserburg—Burghausen—Braunau Unsägliches zu leiden hatte, ist klar. Am Heiligtum selber sich zu vergreifen, wagten weder Österreicher noch Bauern. Aber die Bevölkerung im weiten Umkreis war der Angst und vielen Belästigungen ausgesetzt. An ein Wallfahren war da nicht zu denken. Doch sofort nach Beruhigung der Verhältnisse erfreute sich Altötting wieder der Verehrung und Opferfreudigkeit von allen Seiten, aus den Familien der kaiserlichen Administratoren, der heimkehrenden bayerischen Kurfürstenfamilie, der Stadt Landshut und anderer Gemeinden bis nach Schärding, Amberg, Kelheim, Villach.

Der Rückschlag kam erst nach. Glänzten auch weiterhin die hohen Herren und Damen, die Masse des Volkes war unleugbar in Armut und Elend und müde Gleichgültigkeit gesunken. Anstelle der Opferbücher schwollen die Almosenlisten der Kapellverwaltung an. 1742 erreichten die gesamten Einkünfte der Kapelle nicht einmal die Höhe der trübsten Jahre des Dreißigjährigen Krieges. Die äußere Unsicherheit tat das ihre dazu.. Im *Österreichischen Erbfolgekrieg* (1740—48) hatte der Kurfürst Karl Albrecht VII. durch Blitzerfolge die böhmische Königswürde und gar die Kaiserkrone eingehandelt, aber Maria Theresia von Österreich verdemütigte ihn um so tiefer. Die Altöttinger fühlten sich sicher im Schutze ihrer Patronin. Erst auf Androhung von Gewalt lagerten sie die Kostbarkeiten der Kapelle vom 9. Januar 1742 bis 2. Juni 1745 bei den Theatinern in München in sicher vermauerten Gewölben ein. Nun offenbarte sich, wie arm die heilige Kapelle geworden war; man konnte nicht einmal mehr das geistliche und weltliche Personal entlohnen und mußte Schmuckstücke verkaufen und Darlehen aufnehmen.

Napoleon. Der Vollständigkeit wegen kann erwähnt werden, daß auch Napoleon durch Altötting reiste auf seinem Eilmarsch von München nach Braunau. Er schlief in der Nacht vom 28. auf den 29. Oktober 1805 in der Dechantei, dem jetzigen Administrationsgebäude. Um die Gnadenkapelle kümmerte er sich überhaupt nicht, er versprach einer adeligen Emigrantin aus dem Elsaß Ersatz für ihre Verluste in der Revolutionszeit, wies aber den Altöttinger Propst Joseph Anton Graf von Königsfeld mit den Worten ab: „C'est la guerre" — Das ist der Krieg. Der Propst hatte geklagt über Ausschreitungen der auf seinem Gut bei Raitenhaslach einquartierten Franzosen. In der Schatzkammer mußte das ‚Goldene Rößl' auf seine Echtheit angekratzt, in der Gruft Tillys Gesicht für Napoleon freigelegt werden. Sonst ist von dem Durchzug des französischen Heeres nichts bekannt, als daß es eben requirierte und das Land in Angst und Unruhe hielt. Die Wallfahrt jedenfalls war zum Winterschlaf verurteilt.

Der Erste Weltkrieg 1914/18. Der Erste Weltkrieg brachte eine Verminderung der Teilnehmer an den Wallfahrten, aber keine böswilligen Angriffe.

Der Zweite Weltkrieg 1939/45. Es fielen Bomben im nahen Burghausen und Mühldorf; Altötting blieb von direkter Gewalttat verschont bis zum bitteren Ende, von dem noch die Rede sein wird. Eine große Belastung für die Stadt bildete die Überbesetzung mit Tausenden von Verwandten, so daß sie am Schluß praktisch als Lazarettstadt gelten konnte. Der Wallfahrtsverkehr wurde schwer eingeschränkt; aber dafür muß man Verständis aufbringen. Es gab keine Eisenbahnzüge mehr und keine Autobusse für Wallfahrer. Große Wallfahrtszüge wurden 1938 noch 31 gezählt; 1939 nur vier (und vier Großwallfahrten mit Autobussen), der nächste Zug kam erst wieder 1945 im Oktober, 1946 aber waren es schon wieder 30 Züge. Doch der Blick auf die großen Sonderzüge gibt nicht das ganze Bild; die Gruppen der Fußwallfahrer aus der Umgebung (‚Kreuze') und auch von weither hielten sich auch im Krieg ziemlich unverändert. Die Not war ja groß, und Not lehrt beten.

Die Säkularisation

Die Säkularisation im Gefolge der napoleonischen Gewaltzeit kann im großen und ganzen als äußerer Feind der Wallfahrt beurteilt werden wie die Kriege. Sie raubte der Muttergottes von Altötting ihre Schätze; darüber wurde schon berichtet. Formell säkularisiert, das heißt schlagartig enteignet und aufgelöst und vernichtet wurden das Kollegiatsstift und die Propstei. Die Jesuiten waren schon 1773 vertrieben worden, ihr Eigentum, größtenteils bestehend aus Leistungen der Gnadenkapelle, an das Finanzamt übergegangen. Das Vermögen des Kollegiatstifts (belastet mit dem Unterhalt der 12 Kanoniker) bestand aus Kapitalien, einigen Wohnhäusern und Beiträgen von anderen Kirchenstiftungen, besonders der Gnadenkapelle. Die Jahreseinkünfte daraus wurden auf 13 600 Gulden berechnet. Das Vermögen der Propstei lag höher. 1803 bestand es in zwar wenigen Kapitalien, doch zahlreichen Einkünften aus Gottesdienststiftungen, Abgaben von anderen Gotteshäusern, Grundstiften (heute würde man sie Erbbauzinsen nennen), Grund- und

Hausbesitz im Wert von 20 000 Gulden. Das gab jährliche Einkünfte von 12 000 Gulden; davon mußte der Propst aber den Pfarrer unterhalten.

Die finanziellen Einkünfte der Kapellstiftung wurden nicht schlagartig eingezogen, aber doch langsam großenteils zu fremden Zwecken abgeleitet. An Grundbesitz verblieben ihr nach der Säkularisation nur die Gnadenkapelle, das Administrationsgebäude, in das aber das Pfarramt als Gratismieter aufgenommen werden mußte, und einige Wohnhäuser für die ausgesetzten Kanoniker; dazu das Wallfahrtspriesterhaus, das aber durch anderweitige ‚Organisation‘ gekapert und dann wieder gekauft werden mußte. Die gesamte Geschäftsführung geschah nun (bis 1924) im Auftrag des Staates durch einen königlichen Administrator. Er war natürlich fast nur interessiert an Finanzen und an der Erhaltung des Bestandes an Immobilien und Mobilien des heiligen Hauses.

Schon damit schwand also die ‚Substanz‘ für die geistlichen und weltlichen Angestellten auf ein Minimum zusammen — und damit die Betreuung der Wallfahrer.

Der tödlich vermeinte Streich erfolgte gegen die Wallfahrtspriesterschaft selbst. Am 29. Juli 1803 wurde das Kollegiatstift aufgehoben. Der Schlag war doppelt schmerzlich deshalb, weil doch auch die Ordensleute schon vertrieben, entlassen, zum Aussterben verurteilt worden waren. Somit verblieben für die Wallfahrtsseelsorge nur der Ortspfarrer — der doch andere Arbeit hatte —, etwa ein Kaplan, und ein kränklicher, alter, pensionierter, stets sich vermindernder Welt- und ehemaliger Ordensklerus. Man könnte meinen, daran mußte die Wallfahrt zugrunde gehen. Eine befriedigende Betreuung war ja nicht mehr möglich. Und doch hielt das pilgernde Volk unbeirrt der Säkularisation stand. Sie blieb ein äußerer Feind, der nur zuschlagen, aber nicht den Geist im Innern töten konnte.

Die Aufklärung

Viel gefährlicher gedachte die sogenannte Aufklärung gegen das Wallfahren zu kämpfen; sie wollte sich in das Innenleben der Wallfahrt schleichen und es ‚aufklären‘, atomisieren, und durch Zersetzung seiner Lebenskräfte eben töten. Wallfahren wurde von Staat und Wissenschaft beschimpft als Lächerlichkeit, als Aberglaube, Anbetung von hölzernen Statuen, heimlich weiter wuchernder Baumkult, Vertrauen zu Magie und Schwindel, arbeitsscheues Herumstreunen, Flucht vor der pfarrlichen Ordnung und vernünftigem Gottesdienst. So wurde gelehrt und mancherorts auch gepredigt, jahrelang sogar von dem kurfürstlich angestellten Stiftsprediger Hartmann in Altötting. Ein Stich also ins Herz der Wallfahrt! Der Verbreitung solcher Ideen auf niederen und hohen Schulen und Kanzeln wurde Nachdruck verliehen durch kurfürstliche Verordnungen, meist im Nachgang zu vorausliegenden kaiserlichen Edikten Josephs II. Im Jahr 1788 wurden die Wallfahrten außer Land und mehrtägige mit Übernachtung gänzlich aufgehoben. 1804 wurde den Kreuzzügen aus dem Ausland (Österreich) der Eintritt nach Bayern verwehrt. 1803 wurde das Verkünden von Wunderzeichen, was doch angeblich nur den Aberglauben verbreitete und bestärkte, verboten.

Wie wirkte sich das in Altötting aus? Wieder einmal schien die Wallfahrt zum Tode verurteilt. Lag 1770 noch eine Liste von ca. 230 wallfahrtenden Pfarreien auf, so zählte sie

1786 nur mehr 160 Züge. Dann folgt das große Schweigen im Aktenbestand. 1827 wurden 27 Kreuzzüge gemeldet. Dann aber von der freiheitlichen Gesinnung und von dem eigenen Beispiel König Ludwigs I. begünstigt, ging es schnell wieder aufwärts. 1828 kamen 57 Pilgergruppen, 1848 schon 166, 1866 über 200. Dabei wuchsen auch die ‚großen‘ Züge bis zu 1 000 Mann an, besonders mit dem Anrollen der Eisenbahn seit 1898. Der arbeitsreiche Anteil der Orden an dieser Mehrung wurde schon gewürdigt. Das Fazit: Ohne Betreuung geht die Wallfahrt zurück; aber auch in der Bedrängnis läßt sie sich nicht ganz abschnüren. Zu tief ist das Bedürfnis im Volk verwurzelt. (Zu fröhlicher Illustrierung: Mitten in der Blütezeit der bayerischen Aufklärung, 1809—11, wurden in Altötting an Wetterkerzen, kleinen, schwarzen Kerzen gegen das Gewitter, jährlich um 200 000 Stück verkauft!)

Der Nationalsozialismus

Schlimm gebärdete sich auch der Nationalsozialismus, der aber trotzdem nur als äußerer Feind der Wallfahrt zu fürchten war. Die direkten Angriffe waren folgende: Spott und Rüpeleien am Kapellplatz gegen die Pilger waren an der Tagesordnung. Große Reden in den Lokalen schüchterten ein; von einem der ‚Leiter‘ ging der Ausspruch um „Es wäre mir die größte Genugtuung, wenn ich mich im Schutt der Kapelle wälzen könnte!" Am Palmsonntag 1935 zeigte ‚Kraft durch Freude‘ in der Stadt ein herausforderndes Theaterstücklein über die Wallfahrt. Am 4. August 1935 führte eine SA-Gruppe von fünf Lastautos auf dem Kapellplatz eine sogenannte arische Hochzeit auf. An einem Sonntag 1942 nach dem Kreisparteitag in Mühldorf hängten Unholde über Nacht die im Kapellumgang liegenden Kreuze an den Bäumen auf. Im Juni 1940 wurde der ‚Altöttinger Liebfrauenbote‘, das Organ der Wallfahrt, mit einmal 80 000 Beziehern verboten. Zum großen Teil war auch die Verweigerung der Verkehrsmittel für Wallfahrten der Partei zuzuschreiben. Die Wallfahrer freilich kamen trotzdem in Massen. Es war ein stiller Protest der Gutgläubigen gegen die ‚Gottgläubigen‘, der sehr wohl verstanden wurde.

Um so wütender waren die Parteiführer beim Zusammenbruch ihrer Macht. Sieben aufrechte katholische Männer, darunter der Administrator der Heiligen Kapelle, Monsignore Adalbert Vogl, wurden am 28. April 1945 erschossen. Was war geschehen? Wie anderswo hatte sich auch in Altötting eine Gruppe führender Männer entschlossen, beim Herannahen der Amerikaner die Spitzen der Partei festzunehmen, um sinnlos wütende Zerstörung zu vermeiden. Verführt durch das Losschlagen der ‚Freiheitsaktion Bayern‘ in München, verhaftete der Landrat Joseph Kehrer am 28. April in den Morgenstunden die Parteigrößen. Es war zu früh! Ein Offizier aus dem Lazarett erschoß ohne Autorität den Landrat (niemand glaubt, er habe sich selbst erschossen). Vom Kreisleiter alarmiert, rückte ein Kommando der ‚SS‘ heran. Eine Liste von weiteren neun ‚Staatsfeinden‘ wurde nun zusammengestellt; fünf Männer, deren man habhaft werden konnte, wurden ohne Standgericht, ohne Notstand kurzerhand neben der Stiftspfarrkirche erschossen. Ein siebentes Opfer, ein Arbeiter, wurde nach zwei Tagen auf Befehl eines Leutnant ermordet. Er war aus einer Gruppe von Bürgern herausgeholt worden, die gegen die Verdunkelung demonstrierten. Beleuchtung der Stadt hatten aber die inzwischen heranrückenden Amerikaner zur Bedingung für die Anerkennung Altöttings als Schutzzone gemacht. Die zur Rettung der Stadt und der Wallfahrtsheiligtümer tatkräftig eingeleitete Aktion mit ihren sieben Todesopfern war nicht vergebens; die Amerikaner erfuhren davon und verschonten Altötting vor Beschießung und auch beim Einmarsch am 2. Mai.

1959 konnte über der Blutstätte eine würdige Gedächtniskapelle errichtet werden. Auf ihrem Altar thront eine Statue aus gotischer Zeit, ‚Christus in der Rast‘.

Innere Gefahren der Wallfahrt

Wir wollen einmal großmütig die alten und neuen sachlichen Vorwürfe gegen das Wallfahrten übersehen: Flucht vor der Ordnung zu Hause, vor dem Familienleben und der Arbeit, Leichtsinn und Ungebundenheit auf dem Wege, ungenügende religiöse Einzelbetreuung, lästige Geschäftigkeit des Wallfahrtsortes. Alles das kann irgendwie verstanden, entschuldigt, gebessert werden. Es sind mehr Mängel, die äußerlich mit dem Wallfahren zusammenhängen und daraus folgen.

Aber ist nicht auch das Herz des Wallfahrers selbst krank? Die Wesenskraft eines Wallfahrtsortes besteht in dem Vertrauen der Gläubigen, daß an diesem Ort mehr Gnade und Hilfe vermittelt wird als anderswo. Ist dieses Vertrauen nicht Aberglaube? Freilich ist der falsch orientiert, der meint, die hölzerne Marienstatue werde von den Christen angebetet. Aber gilt es nicht doch als zur Wallfahrt notwendig, sie besonders zu verehren, sie zu besuchen, anzuschauen, vor ihr zu singen, ihr Abbild in großem oder kleinem Format mit nach Hause zu nehmen? — Würde solches praktiziert in dem Glauben, nur auf diese Weise komme Hilfe und Heil, so wäre es sicher zu tadeln. Aber es ist menschlich und christlich lobenswert und nützlich, wenn die Verehrung geschieht aus verständiger Einsicht und Absicht, wie es Religion und Psychologie auch aufweisen: Es hilft unserer menschlichen Natur, durch Erlebnis frommer Bilder zur Kenntnis geistiger Werte zu kommen, und auch, diese Kenntnis zu beleben mit Liebe und Hingebung. Es bringt auch unsere schwerfällige Seele in Bewegung zu höherem Ziel, wenn ihr Leib mühsam das Wandern zum heiligen Ort leistet. Es wächst das Vertrauen, wenn sie erfährt, daß es hundertmal und tausendmal bei anderen belohnt wurde. Darin liegt auch begründet und berechtigt, daß echte Wallfahrt die Gemeinschaft erleben möchte, gleichzeitige und durch die Geschichte fortdauernde.

Der zweite an den Kern gehende Einwand gegen die Wallfahrt beschuldigt den Pilger, daß er sich egoistisch geistige oder leibliche Vorteile sichern will durch unheiliges Einhandeln: Erhörung gegen Gebet und Opfergabe. Auch hier ist zuzugeben, wenn das als echter Handel gemeint ist, wirkt es schlecht. Aber für gewöhnlich soll ein Versprechen, ein Gelübde doch nur den guten Willen und das dringliche Beten unterstreichen mit der Überzeugung, Erhörung bleibt trotzdem der Entscheidung Gottes anheimgestellt und ist nicht zu erkaufen. Wenn aber im Falle erhaltener außerordentlicher Wohltat die Dankbarkeit großmütig und freigebig sein will, soll diese doch nicht getadelt werden.

Mangel an Ehrlichkeit oder Einsicht wäre es, wenn der Wallfahrtsort die zwei genannten Schwächen des Menschen bewußt ausnützen wollte: wenn das heilige Bild, die heilige Erinnerungsstätte als die eigentlich helfende Macht herausgestellt würde, oder wenn nur dem durch Opfergaben verstärkten Gebet der Gläubigen Erhörung in Aussicht gestellt würde.

Altötting hat auch diese inneren Feinde echter Wallfahrt nie zum Durchbruch kommen lassen. Sicherlich liegt auch hier einer der Gründe, warum es die Jahrhunderte überdauern konnte. Die eigentliche Kraft dazu floß aus der Grundverfassung Altöttings: Die Wallfahrt wuchs von Anfang an unter weiser Aufsicht der Weltpriesterschaft, der Orden, der Jesuiten besonders, auch des Staates. Diese Behüter der Wallfahrt lenkten die ‚Volksfrömmigkeit' der Pilger auf wesentliche Frömmigkeit, auf Unterweisung über begründete Glaubenswahrheiten, auf Sakramentenempfang und liturgischen Gottesdienst. Man könnte Altötting auf Grund seiner alljährlich vielhunderttausendfachen sakramentalen Dienste fast einen eucharistischen Wallfahrtsort nennen. Gesunde Marienverehrung findet in ihr reichlich Platz, und weil sie sich einfügt, ist sie lebenskräftig.

Diese Grundausrichtung wird die Wallfahrt auch erhalten durch unsere schon wieder kalte, aufklärerische, materialistische Zeit. Auch in ihr leben die Christen fort, die sich als Pilger auf Erden wissen. Und diese werden auch weiterhin ihre Pilgerschaft leibhaftig erleben wollen, aber nicht nur als Wandern, sondern als Pilgern zu einem Ziel, das ihnen als Heimat winkt und leuchtet.

Abbildungsnachweis

Dr. Robert Bauer, Altötting: Nr. 6-9, 16, 17, 40, 47, 48, 57, 61, 62, 69, 71, 77-80, 95. — P. Wicterp Bayer, Altötting: Nr. 97. — Bayerisches Nationalmuseum, München: Nr. 42, 87. — Ansichtskartenverlag Fiedler, München: Nr. 4. — P. Hubert, Altötting: Nr. 15, 28, 101. — Benno Keysselitz, Ambach: Nr. 58, 91. — Tilo Kotschenreuther, Hacklberg: Nr. 110. — Gregor Peda, Passau: Nr. 2, 34, 92, 93, 96, 103, 107. — Hildegard Pollety, Altötting: Nr. 36, 44, 102, 108, 109, 111-115. — Foto Reichelt, Altötting: Nr. 22. — Dr. Johannes Steiner, München: Nr. 10-14, 18, 20, 21, 23-27, 33, 35, 37, 38, 41, 45, 49, 51, 55, 56, 59, 60, 63, 70, 72-76, 82-84, 90, 94, 98-100, 104, 106. — Archiv der Stiftungsadministration, Altötting: Nr. 19, 29-32, 50, 52-54, 64-68, 85, 86, 88. — Foto Strauß, Altötting: Nr. 1, 3, 5, 39, 43, 46, 81, 89, 105, beide Umschlagbilder.

Quellen und Schrifttum

Archiv der Kapellstiftung Altötting.

Issickemer Jakob, Das buchlein der Zuflucht zu Maria der muter gottes in alten-Oding, Nürnberg 1497.

Turmair Johannes (Aventinus), Historia Otingae, Nürnberg 1518.

Ders., Der hochwirdigen und weit berühmten stift Alten Oting löblich herkomen ... Nürnberg 1519.

Eisengrein Martinus, Unser liebe Fraw zu Alten Oeting, Ingolstadt 1571.

Irsing Jacobus S. J., D. Virginis Oetinganae Historia Libri III, München 1643.

Scheitenberger Johann, Historia Von der weitberühmbten unser lieben Frawen Capell zu Alten-Oeting in Nidern-Bayrn, München 1643 (Übersetzung des lateinischen Irsing 1643).

Küpfferle Gabriel, Histori Von der weitberühmbten unser lieben Frawen Capell zu Alten-Oeting in Nider Bayrn, Der ander Theil, München 1661.

Kipferle Gabriel, Historiae D. Virginis Oetinganae Pars II, a P. Jacobo Irsing S. J. Latintate donata, München 1661.

Schilcher Georgius S. J., Historiae D. Virginis Oetinganae Pars III, Liber I und Liber II; Pars IV, Liber I und Liber II, München 1720.

Bauer Robert, Die Opfer von Altötting 1945, in: Bavaria Sancta I (Hrsg. Georg Schwaiger), Regensburg 1970, 392—406.

Ders., Mehrere Artikel in den Ostbaierischen Grenzmarken, Passau (Das Wallfahrtspriesterhaus — Mirakelbüchlein von 1494/95 — 1497—1540 — Alte Reliquienschätze in Altötting — Beglaubigung der ersten Matrikel — Die Altöttinger Votivtaferl).

Brugger Walter, Die herzogliche und karolingische Pfalz zu Altötting. Ein Beitrag zur Pfalzenforschung in Altbayern, in: Obb. Archiv 105 (1980).

Brugger Walter und *Kunzmann* Adolf, Altötting und Neuötting, Freilassing 1978.

Halm Philipp Maria, Die Mirakelbilder zu Altötting, in Bayerischer Heimatschutz 21 (1925), 1—27.

Ders., Die Türen der Stiftskirche in Altötting und ihr Meister, München 1905.

Hartig Michael, Die oberbayerischen Stifte, Bd. II, München 1935.

Hansmann Claus und *Döderlein* Wilhelm, Altötting, München 1960.

Heimatsonderheft der Monatsschrift für die Ostbairischen Grenzmarken, Passau 1923 (Heuwieser Max, zur Geschichte Altöttings — Hager Georg, Alte Kunst in Altötting — Mitterwieser Alois, Die Anfänge der Wallfahrten nach Altötting — Winkler Theodolinde, Die Klöster in Altötting).

König C. J. M., Dreimal Chorherrenstift Altötting, Passau 1949.

König Maria Angela, Weihegaben an U. L. Frau von Altötting, 2 Bde. München 1939/40.

Kunstdenkmale des Königreiches Bayern, Oberbayern, Bezirksamt Altötting, München 1895.

Maier Wilhelm, Gedenkblätter und Culturbilder aus der Geschichte von Altötting, Augsburg 1885.

Leeb Franz Xaver, Wie alt ist Altötting, Neuötting 1913.

Leeb Friedrich, Altötting, Orts- und Wallfahrtsgeschichte, Altötting 1954.

Hoedl P. Franz Xaver, Altötting, Altötting 1977[8].

Mehler J. B., Schutzfrau Bayerns in Altötting, Marianisches Jahrbuch (Die Wallfahrtsseelsorge in Altötting durch die Orden), 3 Bändchen, Regensburg 1928/29.

Pfennigmann Josef, Studien zur Geschichte Altöttings im Früh- und Nachmittelalter, Diss. München 1952.

Ders., Altötting im Mittelalter, in Unbekanntes Bayern, Bd. 1, Entdeckungen und Wanderungen, München 1955/63, 139—148.

Ders., Die Wallfahrt zu Unserer Lieben Frau in Altötting, in Unbekanntes Bayern, Bd. 4: Wallfahrtskirchen und Gnadenstätten, München 1959, 202—220.

Schnell Hugo, Bayerische Frömmigkeit. Kult und Kunst in 14 Jahrhunderten, München 1964.

Sepp Bernhard, Älteste Geschichte von Altötting, Stadtamhof 1901.

Stadler Josef Klemens, Urkunden-Regesten des Archivs der Kapellstiftungsadministration zu Altötting, in Obb. Archiv 75 (1949), 97—188, und 76 (1950), 143—180.

Ders., Altöttings Kunstgeschichte und Wallfahrt, Bd. 4 der Südostbayerischen Heimatstudien, Watzling 1931.

Wiebel-Fanderl Oliva, Die Wallfahrt Altötting im 19. Jahrhundert. Diss. München 1980.

Register

Die senkrecht stehenden Zahlen geben jeweils die Textseite, die Kursivzahlen die Abbildungsnummer an.

Aberglaube 158
Agilolfinger 17 ff.
Albrecht V. 106
Andachtsbilder 23, *37-41, 61, 64-68*
Anna-Basilika 136, *97, 98*
Aufklärungszeit 72, 156 f.
Aventin 22

Blutweihebrief 110 f.
Burghausen *81, 94*
Breverl 68, *61*

Canisius St. Petrus 70, 131 f., *73*
Chorherrenstift 20, 22, 129 ff., 156

Egoismus 158 f.
Eisengrein 22 f., 129, 131, *51*
Elfenbeinkreuz 71, *74*

Ferdinand Maria 108, 111
Franziskaner 133 ff., *97*
Fugger 70, 131 f., *73*
Fürstentag 1607 109
Fürstentag 1681 111 f., *22*
Fußwallfahrten 139

Geldvermögen 69 f., 150, 155 f.
Georg d. Reiche 71, 106
Gnadenaltar 70, *3, 38, 43, 60, 65, 115*
Gnadenbild 23, 28, *1, 39-41, 49, 108*
Gnadenbildflüchtungen 151 f.
Gnadenkapelle 19 f., 22 f., 26 f., 105 f., *5, 11, 14, 15, 19, 20, 36, 37, 44-47, 68*

Herzurnen 27, 110, *45, 46*

Irsing 65, 133
Issickemer 61 f., 129, *50*

Jesuiten 131 ff.

Kapellplatz 2, 18/19, 106, *2, 4, 11, 18, 21, 22, 36, 63, 102, 106, 108, 110-113*
Kapuziner 135 ff.
Karl Albrecht VII. 27, 105, 108 f., *46, 92*

Karlmann 20, *16, 17*
Karolinger 20 f.
St. Konrad Bruder 136 f., *99-102*
Konradkirche (früher St. Anna) 134, *97, 99, 109*
Küpferle 133
Kreuzträger 138, *109, 113*
Kreuzweg 138, *103, 104*
Kriege 150 ff.

Landshuter Opfergaben 70 f., *76-80*
Leopold I. Kaiser 111 f., *22*

Magdalenenkirche 132, *95, 96*
Malteserorden 133
Marienbrunnen 151, *106*
Max Emanuel 108, 112, 153 f., *22, 63, 93*
Maximilian I. Kurfürst 106 f., 110 f.
Maximilian III. Joseph 109, *38, 42*
Mirakelbücher 61 ff., *50*
Mirakeltafeln große 64 ff., *5, 52-56*
Münzsammlung 71, *85, 86*
Musik 140

Napoleon 155
Nationalsozialismus 157 f.
Naturalopfer 69
Neuötting 21 f., *14*

Opfergaben 68 ff.

Pest 149 f.
Pilgerzeichen 66 f., *15, 62, 69*
Pius VI. 112

Redemptoristen 135
Reichsweihe 1658 111
Rosenkranzsammlung 71, *83, 84*
Rößl Goldenes 71 f., *10, 87*

St. Rupertus 23, *12, 13*
Säkularisation 72, 134, 155 f.
Saller 133
Salzburg 2, 151, *106*

Schatzkammer 70 ff., *72-80, 82-87*
Scheitenberger 133
Schilcher 133
Schleierbilder 67 f., *67*
Silberprinz 26, *38, 42*
Stiftskirche 20, 22, 25, *23-36, 88*
Sturmlied 153

Tod von Eding 150, *105*
Tilly 107 f., *89-91*
Umgangstafeln 64 ff., *5, 52-56*

Votivtaferl 63 ff., *5-9, 57-60*

Wachsopfer 68 f., *70, 71*
Wallfahrtsbräuche 138 ff., *4, 108-114*
Wallfahrtsordnungen 105 f.
Wallfahrtspriesterinstitut 135
Wartenberg Kardinal, Stiftspropst 129 f., 133 f., *88*
Wilhelm V. 106, 132
Wittelsbacher 21 f., 105 ff., *20, 21*
Wunder (s. auch Mirakelbücher) 22 f., *24*

Sehenswürdigkeiten Altöttings

(1) *Gnadenkapelle*
mit Gnadenbild, Herzurnen der Wittelsbacher, Mirakel- und Votivtafeln im Umgang.

(2) *Stifts- und Pfarrkirche*
„Tod von Eding", Kreuzgang, Tilly-Gruft und Schatzkammer; westlich davon der moderne Kreuzweg (6).

(5) *Wallfahrts- und Heimatmuseum*
in den Räumen der Administration, Kapellplatz 4: historische und volkskundliche Zeugnisse von der Vor- und Frühgeschichte bis zur Gegenwart Altöttings.

(7) *Altöttinger Marienfilm*
im Altöttinger Marienwerk: religiöser Film über die Altöttinger Marienverehrung.

(8) *Altöttinger Schau*
im „Neuen Haus" des Altöttinger Marienwerks am Kapellplatz: Folge von 22 Dioramen über die Geschichte Altöttings und seiner Wallfahrt.

(9) *Klosterkirche St. Magdalena*
ursprünglich Kirche der Jesuiten, dann der Malteser und Redemptoristen, heute der Kapuziner, mit anschließendem Kloster (10).

(15) *Basilika St. Anna*
westlich des Kapellplatzes, größtes Gotteshaus Altöttings, seit 1913 päpstliche „Basilika minor".

(16) *Bruder-Konrad-Kirche*
ehemalige Franziskanerkirche St. Anna, heute Kapuzinerkirche, Reliquienschrein des hl. Bruders Konrad von Parzham; im anschließenden Kapuzinerkloster (17) Gedenkstätte für diesen Heiligen: Klosterpforte, Sterbezimmer, Alexiuszelle und Museum mit persönlichen Erinnerungs- und Kultstücken.

(19) *Panorama der Kreuzigung Christi*
sehenswertes monumentales Rundgemälde von Gebhard Fugel östlich des Kapellplatzes.

(25) *Pfarrkirche St. Josef*
in Altötting-Süd, Bau von 1967 mit guter moderner Ausstattung.

(26) *Herz-Jesu-Kirche*
Kirche des Provinz- und Missionshauses „Hl. Kreuz" an der Kreszentiaheimstraße, neubarocke Ausstattung von 1916.